中国商务文化读本 BUSINESS CULTURE IN CHINA

Investment Environment in China

中国投资环境ABC

潘慧峰 编

中国出版集团
中译出版社

图书在版编目（CIP）数据

中国投资环境ABC：汉英对照／潘慧峰编．—北京：中译出版社，2019.1
（中国商务文化读本）
ISBN 978-7-5001-5857-8

Ⅰ.①中… Ⅱ.①潘… Ⅲ.①投资环境－研究－中国－汉、英 Ⅳ.①F832.48

中国版本图书馆CIP数据核字（2018）第290637号

出版发行／中译出版社
地　　址／北京市西城区车公庄大街甲4号物华大厦6层
电　　话／(010) 68359827，68359376（发行部）；53601537（编辑部）
邮　　编／100044
传　　真／(010) 68357870
电子邮箱／book@ctph.com.cn
网　　址／http://www.ctph.com.cn

总 策 划／张高里
策划编辑／贾兵伟　胡晓凯
责任编辑／范祥镇　王馨敏
封面设计／潘　峰

排　　版／北京竹页文化传媒有限公司
印　　刷／北京玺诚印务有限公司
经　　销／新华书店

规　　格／787毫米×1092毫米　1/16
印　　张／14.75
字　　数／234千字
版　　次／2019年1月第一版
印　　次／2019年1月第一次

ISBN 978-7-5001-5857-8　定价：52.00元

序

中国改革开放已经走过了37个年头，目前中国的发展对于对外开放提出了更高的要求，不仅要为“走出去”开辟道路，更需要为“引进来”增强动力。由此，如何使得外商更加迅速、准确、全面地了解中国投资环境现状，对于推动我国吸引外资具有重要的意义。

本书旨在从实务层面，针对外商在中国投资时所遇到的问题进行全面的梳理和阐述。面向对中国投资环境了解较少的外商，以企业投资活动为核心，结合投资环境、政策环境、商务活动以及文化环境等，勾勒中国投资环境的蓝图。本书搜集和整理了大量翔实的数据、文字资料和法规条文，按照章节进行清晰的展示，有助于读者快速浏览和查阅，能够极大地节约读者查找各类基础资料的时间和精力。本书站在外国投资者的视角，从主要商务活动、外籍华人在华生活和各地区招商引资介绍等方面，具有针对性地对外商在华投资过程中最关心的问题做出解答，试图使外商在总体上把握在华投资及商务活动可能遇到的问题。最后，本书从政府与企业的关系以及跨文化商务沟通方面，详细介绍了中国特色的政企关系以及商务环境，为外商在华投资时适应中国人文环境提供了便利。本书还提供了大量相关门户网站的地址，方便读者迅速搜集到其他一手资料。

由于中国投资环境涉及内容丰富广泛，本书尽量做到全面、翔实，但难免有所疏漏。书中所引材料均来自公开网站及资料。感谢对外经济贸易大学金融学院研究生李硕、周凡、袁军、王强、李思静在资料搜集和中文初稿撰写过程中提供的帮助，感谢中译出版社在本书出版过程中高效细致的编辑工作，特别感谢对外经济贸易大学国际商务汉语教学与资源开发基地韩红主任在书籍构思、编写、翻译过程中的组织和协调。

潘慧峰

2015 年 10 月 25 日

PREFACE

It has been 37 years since China's reform and opening-up. At present, with the development of China, higher requirements are put forward for China opening its door to the outside world. It is necessary not only to open the way for "going out", but also to strengthen the impetus for "bringing in". As a result, how to make foreign investors more quickly, accurately and comprehensively understand the current situation of the investment environment in China is of great significance for promoting our country to attract foreign investment.

The purpose of this book is to sort and expound overall, at the practical level, the problems encountered by foreign investors in China. Facing the foreign investors who know little about China's investment environment, the book outlines its blueprint with enterprise investment activities as the core, combined with the investment environment, the policy environment, the business activities and the cultural environment. A large number of detailed data, written materials and legal provisions are collected and collated in this book. They are clearly displayed in chapter for readers to quickly browse and refer to, greatly saving their time and energy to find all kinds of basic information. From the perspective of foreign investors, this book provides answers to the questions they concern most when investing in China from the aspects of main business activities, the life of foreign Chinese in China, and the introduction of attracting investment in various regions, trying to make them grasp the problems they may encounter in the process of investment and business activities in China on the whole. Finally, from the aspects of the relationship between government and enterprises, and the cross-cultural business communication, this book introduces the government-enterprise relationship and business environment with Chinese characteristics in detail, which provides convenience for foreign investors to adapt to Chinese cultural environment when they invest in China. Addresses of a large number of relevant web portals are also provided in this book for readers to quickly glean other first-hand information.

As China's investment environment involves a wide range of content, the book is as comprehensive and informative as possible, but there are inevitably omissions. The materials cited in the book are all public or from public websites. Gratitude should be expressed to graduate students from School of Banking and Finance, University of International Business and Economics (UIBE) for their assistance in collecting materials and writing the first Chinese draft. They are Li Shuo, Zhou Fan, Yuan Jun, Wang Qiang, and Li Sijing. Gratitude should also be expressed to China Translation and Publishing House (CTPH) for its efficient and meticulous editorial work in the course of publishing this book. Special thanks should be given to Han Hong, director of Institute of International Business Chinese Education and Resources Development, UIBE, for her organization and coordination in conceiving, compiling and translating the book.

Pan Huifeng

October 25, 2015

目录

CONTENTS

第一章

中国概况

1.1 自然概况

中国位于亚洲东部，太平洋西部，国土面积约960万平方公里，是世界上国土面积第三大的国家。中国的陆地邻国共14个，东面同中国相邻的国家有朝鲜；北面同中国相邻的国家有俄罗斯、蒙古；西北面同中国相邻的国家有哈萨克斯坦、吉尔吉斯斯坦、塔吉克斯坦；西面同中国相邻的国家有阿富汗、巴基斯坦；西南面同中国相邻的国家有印度、尼泊尔、不丹；南面同中国相邻的国家有缅甸、老挝、越南。在东边还有韩国、日本、菲律宾、马来西亚等国家与中国隔海相望，相距不远。

中国的气候特点主要有以下两个，大陆性季风和多样的气候类型。冬季盛行从大陆吹向海洋的偏北风，夏季盛行从海洋吹向陆地的偏南风，四季分明，雨热同季，夏天高温多雨，冬天寒冷干旱。根据温度指标，中国自北而南有寒温带、中温带、暖温带、亚热带、热带等温度带，以及特殊的青藏高寒区，各地的热量条件差异很大。在各温度带中，寒温带只占国土总面积的1.2%。青藏高寒区占国土总面积的26.7%，其余占国土总面积72.1%的地区属于中温带、暖温带、亚热带、热带。根据水分条件，从东南到西北可划分为湿润、半湿润、半干旱、干旱四类地形，分别占全国陆地总面积的32%、15%、22%、31%。

中国是世界上人口最多的国家。2014年末，中国大陆总人口（包括31个省、自治区、直辖市和中国人民解放军现役军人，不包括香港、澳门特别行政区和台湾省以及海外华侨人数）136782万人，全年出生人口1687万人，人口出生率为12.37‰。中国每平方公里平均人口密度为143人，东部沿海地区人口密集，而西部高原地区人口稀少。人口最密集的地区是长江三角洲、珠江三角洲、四川盆地和黄淮平原地区。

中国的首都北京坐落在华北平原北部，历史悠久，是中国的政治、文化中心。气候为典型的北温带半湿润大陆性季风气候。北京 1 月平均气温 –4.4℃，7 月平均气温 26℃。上海是中国的第一大城市，位于长江入海口处，是中国经济、金融、贸易、航运中心。气候为亚热带湿润气候，1 月份平均气温约 4℃，7 月份平均气温约 28℃。

1.2 政治及经济体制

中国的根本政治制度是人民代表大会制度，是我国人民管理自己国家的组织形式。中华人民共和国人民代表大会是中国最高的权力机关，其常设机关为全国代表大会常务委员会。全国人民代表大会和全国人民代表大会常务委员会行使国家立法权，选举或罢免国家主席等主要国家领导人。作为最高国家行政机关的国务院以及分别作为国家最高审判机关、检察机关的最高人民法院、最高人民检察院，都要由全国人大产生。

中华人民共和国主席代表中华人民共和国进行国事活动，接见外国使节；根据全国人民代表大会常务委员会的决定，派遣和召回驻外全权代表，批准和废除同外国缔结的条约和重要协定。中华人民共和国国务院，即中央人民政府，是最高国家权力机关的执行机关，是最高国家行政机关。国务院由总理、副总理、国务委员、各部部长、各委员会主任、审计长、秘书长组成。最高人民法院及地方各级人民法院是审判机关，人民法院依照法律规定独立行使审判权，不受行政机关、社会团体和个人的干涉。最高人民检察院及地方各级人民检察院是法律监督机关，人民检察院依照法律规定独立行使检察权，不受行政机关、社会团体和个人的干涉。

中国实行的经济体制是社会主义市场经济体制，政府对经济实施市场化管理，即大部分服务、商品的分配和价格由市场供求关系决定，极少数的服务和商品的价格和分配由政府管理。企业自主经营，劳动力自由流动，政府不会干预。

1.3 经济总体发展情况

中国经济体制改革极大促进了中国经济的发展，尤其是1978年改革开放以来，中国经济取得了举世瞩目的成就。年均经济增速高达9.8%。1978年，我国经济总量仅位居世界第十位；2008年超过德国，居世界第三位；2010年超过日本，居世界第二位，成为仅次于美国的世界第二大经济体。1978年，中国的进出口总量只有206亿美元，位居世界第27位；到1990年，增至1100多亿美元，位居世界第16位；到2001年，猛增至5098亿美元，世界排名跃居第6位；如今中国的进出口总量已经位居世界第一。1978年中国外汇储备仅有1.67亿美元，微乎其微；1989年，也只有55.5亿美元；1993年以后，中国外汇储备飞速上升；到1996年底首次突破千亿美元大关，居世界第二；目前，中国外汇储备已经突破2500亿美元，稳居世界第二。中国曾经是个物资和产品匮乏的国度，改革开放使中国彻底告别了短缺时代。1996年，中国钢产量突破1亿吨，超过日本而跃居世界第一位。同样雄踞世界产量榜首的还有：粮食、肉类、水产品、水果、棉花、布、煤炭、化纤、化肥、水泥、电视机、数字程控交换机等产品。以如此短的时间，实现主要工农业产品产量的巨大飞跃，这在世界上是不多见的。改革开放之前，中国利用外资几乎为零；2001年，实际利用外资达到5684亿美元，外商直接投资达3935亿美元。特别是二十世纪九十年代以来，利用外资规模持续强劲增长，自1993年起，中国吸收外国资本总额一直保持发展中国家首位。

1.4 教育

随着经济的不断增长，中国的教育也得到了改善，改革开放30年来我国教育事业发展十分迅速。1978—2007年间，全国小学学龄儿童入学率从94%提高到99.5%；初中毛入学率从20%达到98%；高中阶段教育毛入学率从不到10%提高到66%；学前教育毛入园率从很低水平起步，达到44.6%。截至2015年我国 15 岁以上人口和新增劳动力的平均受教育年限分别接近 8.5 年和 10.5 年，人力资源开发处于发展中国家较高水平。同时高等教育也在不断发展，人们对教育的重视程度也越来越高。高等院校的录取率由改革开放之初的 5% 到 2014 年的 76%，据统计 2014 年中国普通本专科招生 699.8 万人，毕业生 638.7 万人，在校生 2468.1 万人，全年研究生招生 61.1 万人，在学研究生 179.4 万人，毕业生 51.4 万人。同时，教育对外开放不断推进。1978—2006 年，出国留学人员 106.7 万人，回国 27.5 万人。1996—2013 年间国家公派出国留学人员 3.47 万人，回国比例达 97.5%。中国每年的教育经费也在不断增加，2012 年，全国公共财政教育支出占公共财政支出 125952.97 亿元的比例为 16.13%，比上年增加了 1.35 个百分点。据统计，2012 年全国国内生产总值为 518942.11 亿元，国家财政性教育经费占国内生产总值比例为 4.28%，比上年的 3.93% 增加了 0.35 个百分点。这些数据的背后反映出中国教育水平在不断提高，中国的科技实力也在不断增强。

1.5　文化习俗

中国有 5000 年的历史，在这么长的历史过程中形成了自己独有特色的文化习俗。中国人节俭、谦虚、勤劳、善良，注重家庭，讲究礼仪。中国有 56 个不同的民族，每一个民族都有不同的文化习俗和特色，不同的文化习俗和特色培养了中国人开放包容的心态，使得中国人比较容易接受并融合外来的文化。从近代以来，随着社会的变革，中国社会经历了农业社会、工业社会到信息社会的转变，中国的文化习俗也在不断发生改变，西方文明也不断融入中国的文化当中，中国人除了过中国特色的节日之外，西方的一些节日也很受中国人的欢迎。中国政府也奉行宗教自由的政策，所以，基督教、佛教、天主教在中国都有广泛的传播，在中国的多个城市都设立了基督教堂和天主教堂，而且有不少人都会去参拜。每年中国的法定节假日有元旦、清明节、五一劳动节、端午节、中秋节、十一国庆节和春节，十一国庆节和春节放假七天，其余的节日放假三天。在这些节日中有四个是中国的传统节日，分别是清明节、端午节、中秋节和春节，它们按照中国的传统日历——农历来放假。

1.6 区域发展状况

改革开放以来，我国经济发展战略布局先后经历了20世纪80年代沿海发展战略、90年代末西部大开发战略，以及目前实施的西部大开发、振兴东北地区等老工业基地、鼓励东部地区加快发展，实行东西互动、带动中部、促进区域经济协调发展的新战略。经过30多年的发展，各区域的经济形成了各个的特点，具体如下。

东部沿海地区已进入工业化的起飞阶段，走在全国前列。市场经济体制已基本在这一地区形成3个中国经济最发达的经济圈和都市圈，即以广州、深圳和珠海为中心的珠江三角洲地区、以上海为中心的长江三角洲地区和以北京、天津为中心的环渤海经济区，这三个区域相继创造出区域发展的奇迹。东部地区的特点是，资本品制造业比较发达，优势行业包括仪器仪表、机械、电子通讯、电气设备等。从发展趋势看，东部地区的这一优势还在继续加强。

中部地区显著地分为两大类。一类是资源开采业占明显优势的地区，包括黑龙江、吉林、内蒙古、山西、河南5个省区。这些地区的特点是采掘业占绝对优势，消费品制造业比较落后。特别是黑龙江省和山西省。该地区的采掘业主要包括石油天然气开采、煤炭采选、黑色金属采选、木材和竹材采运等。另一类地区为安徽、湖北、湖南和江西4省。在这一类地区的工业结构中，采掘业比较落后，消费品制造业相对全国水平稍占优势。在中间投入品制造业和资本品制造业上，中间投入品制造业的比重稍高于全国水平，而资本品制造业的比重则普遍低于全国水平。在中部地区的中间投入品制造业中，优势行业主要是黑色金属冶炼、炼焦煤气、非金属制品、化学工业、医药工业。总体上看，中部地区工业结构偏重于原材料和能源的生产，部分省区的工业结构表现为典型的资源基地型经济。

西部地区的工业结构偏重于资源开采业和资源加工业。甘肃、宁夏、青海、新疆、西藏等地区的采掘业比重都显著高于全国水平。西部采掘业的优势行业主要是石油天然气开采、非金属采选、煤炭采选等。西部的中间投入品制造业主要有石油加工、黑色金属冶炼等。西部地区的工业结构中，消费品制造业和资本品制造业明显处于劣势。云南和贵州省的消费品制造业比重较高，主要是由于这两省的烟草加工业比较发达。西部各地区中只有陕西省的资本品制造业比重高于全国水平。

第二章
法律和政策

为了吸引外商到中国来投资，中国从1979年开始建立了一系列的法律体系，制定了一系列的产业、税收、金融等政策。中国这些政策，在中国已经营造了一个良好的外商投资环境。由于中国的法律法规很多，所以本文只列举部分重要的法律法规。

2.1 法律法规

外商在中国投资需要关注的法律法规如下：

2.1.1 一般性法律法规

（1）《中华人民共和国公司法》

该法于1993年颁布，中间多次修订，最新版本于2013年修订。公司法是为了规范公司的组织和行为，保护公司、股东和债权人的合法权益，维护社会经济秩序，促进社会主义市场经济的发展而制定的。

（2）《中华人民共和国合同法》

该法于1999年颁布，主要是为了保护签订合同的当事人的合法权利，维护社会经济秩序而制定的。

（3）《中华人民共和国保险法》

该法于1995年颁布，最新版本于2015年修订，主要是为了加强对保险行业的监管，促进保险事业的健康发展，保障被保险人的合法利益而制定的。

（4）《中华人民共和国仲裁法》

该法于1994年制定，目的是为了保证公正、及时地仲裁经济纠纷，保护当事人的合法权益。

（5）《中华人民共和国劳动法》

该法于1994年制定，最新版本于2009年修订，保护劳动者的合法权益，调整劳动关系。

（6）《中华人民共和国外汇管理条例》

该法于1996年制定，2008年对其进行修订，为了加强外汇管理，促进国际收支平衡。

（7）《中华人民共和国增值税暂行条例》及其相关细则

最新增值税条例及细则经修订后从2009年1月1日起实施。在中华人民共和国境内销售货物或者提供加工、修理修配劳务以及进口货物的单位和个人，为增值税的纳税人，应当依照本条例缴纳增值税。

（8）《中华人民共和国消费税暂行条例》及其相关细则

《中华人民共和国消费税暂行条例》最新版本自2009年1月1日起施行。在中华人民共和国境内生产、委托加工和进口本条例规定的消费品的单位和个人，以及国务院确定的销售本条例规定的消费品的其他单位和个人，为消费税的纳税人，应当依照本条例缴纳消费税。

（9）《中华人民共和国营业税暂行条例》及其相关细则

《中华人民共和国营业税暂行条例》最新版本自2009年1月1日起施行。在中华人民共和国境内提供本条例规定的劳务、转让无形资产或者销售不动产的单位和个人，应当依照本条例缴纳营业税。

2.1.2 国际条约

（1）截至2015年10月底，中国已与132个国家和地区签署了双边投资保护协定；

（2）截至2015年6月底，中国已与99个国家和地区签订协定避免双重征税。

2.1.3 有关外资的特别法律法规

（1）《中华人民共和国中外合资经营企业法》及其实施条例

该法于 2001 年颁布，随后经过多次修订，是规范中外合资经营企业的法律条例。

（2）《中华人民共和国中外合作经营企业法》及其实施细则

该法于 2001 年颁布，随后经过多次修订，是规范中作合资经营企业的法律条例。

（3）《中华人民共和国外资企业法》及其实施细则

该法于 2000 年颁布，随后经过多次修订，是规范外资企业的法律条例。

（4）《中华人民共和国企业所得税法》及其实施细则

该法自 2008 年 1 月 1 日起施行，依照本法的规定缴纳企业所得税。个人独资企业、合伙企业不适用本法。

（5）《指导外商投资方向规定》（2004 年修订）、《外商投资产业指导目录》（2011 年修订）、《中西部地区外商投资优势产业目录》（2013 年修订）

（6）《中华人民共和国台湾同胞投资保护法》及其实施细则

该法于 1994 年颁布，目的是为了保护和鼓励台湾同胞投资，促进海峡两岸的经济发展。

（7）《关于外国投资者并购境内企业的规定》

该法于 2006 年实施，目的是为了促进和规范外国投资者来华投资，引进国外的先进技术和管理经验，提高利用外资的水平，实现资源的合理配置。

（8）《关于外商投资举办投资性公司的规定》

该法于 2004 年实施，目的是为了促进外国投资者来华投资，引进国外的先进技术和管理经验。

（9）《关于设立外商投资股份有限公司若干问题的暂行规定》

该法于 1995 年由对外贸易经济合作部颁布，目的是为进一步扩大国际经济技术合作和交流，引进外资，促进社会主义商品经济的发展。

（10）《外商投资创业投资企业管理规定》

该法于 2003 年颁布，目的是为鼓励外国公司、企业和其他经济组织或个人来华从事创业投资，建立和完善中国的创业投资机制而制定。

（11）《外国投资者对上市公司战略投资管理办法》

该法于2006年实施，目的在于规范股权分置改革后外国投资者对A股上市公司进行战略投资，维护证券市场秩序。

（12）《外商投资企业境内再投资暂行规定》

该法于2000年实施，目的是为规范外商投资企业的投资行为而制定的。

（13）《商务部关于涉及外商投资企业股权出资的暂行规定》

该法于2012年实施，目的是为规范涉及外商投资企业的股权出资行为，提高投资便利化水平，促进外国投资者来华投资。

2.2 外商投资形式

在中国，外商投资的主要方式有中外合资经营企业、中外合作经营企业和外资企业，除此之外还有其他的投资方式，包括外商投资股份有限公司、投资性公司、合作开发、BOT等。接下来就这些投资方式做些简单介绍。

2.2.1 中外合资经营企业

中外合资经营企业是一种股权合营企业，采取有限责任公司的组织形式，在中国具有中国法人地位。投资方由两方组成，一方为国外方，包括外国公司、企业和其他经济组织或个人；一方是中国方，包括中国的公司、企业或其他经济组织在中国境内按照《中华人民共和国中外合资经营企业法》及其实施条例的规定共同投资举办的企业。其特点是合营各方共同投资、共同经营、按各自的出资比例共担风险、共负盈亏。在设立企业时，外国的投资者所占的注册比例不少于百分之二十五，其他的合营者可以用现金、建筑物、厂房、机器设备以及其他物料、工业产权、专有技术、场地使用权进行作价后出资。外国投资者分得的利润和其他合法权益，可以汇出境外，也可以在境内再投资。

2.2.2 中外合作经营企业

中外合作经营企业是一种契约式合营企业，外方包括外国公司、企业和其他经济组织或个人，中方包括中国的公司、企业或其他经济组织。两方在中国境内按照《中华人民共和国中外合作经营企业法》及其实施细则的规定，根据中方提供的合作条件共同举办的企业，可以具有法人资格，也可以不具有法人资格。当企业具有法人资格时，为有限责任公司，合作双方根据他们各自提供的合作条件或投资的情况承担相应的责任，合作企业用它的全部资产对企业的债务承担全部责任，除非合同另有其他的规定。

中外合作经营企业在签订合同时，应该明确约定双方各自提供的条件、权利、义务、收益分配或风险、债务的承担、企业的管理方式、期满后的财务处理等事情。通常情况下，举办中外合作经营企业一般由外方提供全部或大部分资金、技术、核心设备等，而中方提供土地使用权、厂房设施或部分资金等。

当合同到期后，企业的固定资产全部归属中方，外方只能在合作期内将其投资收回，但必须按照以下方式进行才行。

（1）在按照投资或者提供合作条件进行分配的基础上，在合作企业合同中约定扩大外国合作者的收益分配比例；

（2）经财政税务机关按照国家有关税收的规定审查批准，外国合作者在合作企业缴纳所得税前回收投资；

（3）经财政税务机关和审查批准机关批准的其他回收投资方式。

2.2.3 外资企业

外资企业是外国的企业、公司或其他经济组织或个人根据《中华人民共和国外资企业法》及其实施细则在中国境内设立的企业，其资本全部由外国投资者投入。外国企业或其他经济组织的分支机构不属于外资企业。外资企业具有中国法人资格，组织形式为有限责任公司，外国投资者对企业的责任根据所缴的出资额度为限。当然，经批准，外资企业也可以为其他有限责任形式，此时外国投资者对企业承担的责任应该遵从中国法律的规定。

2.2.4 外商投资股份有限公司

外商投资股份有限公司是指外国的公司、企业和其他经济组织或个人与中国的公司、企业或其他经济组织，按照平等互利的原则，通过认购一定比例的股份，在中国境内共同举办的公司。

外商投资股份有限公司全部资本由等额股份构成，各股东以其所认购的股份对公司承担责任，公司以全部财产对公司债务承担责任。它是外商投资企业的一种形式，适用国家法律、法规对于外商投资企业的有关规定。

2.2.5 投资性公司

投资性公司是指外国投资者在中国境内以独资或与中国投资者合资的形式设立的从事直接投资的公司，其形式为有限责任公司。对于申请设立投资性公司的外方投资者必须有良好的资信，具备一定的经济实力。当外国投资者具备：（一）申请前一年投资者总资产不少于4亿美元，且投资者在中国也设立外商投资企业，实际缴付的注册资本的出资额超过1000万美元；（二）外国投资者资信良好，拥有举办投资性公司所必需的经济实力，该投资者在中国境内已设立10个以上外商投资企业，其实际缴付的注册资本的出资额超过3000万美元。

当外方投资者被中国批准设立投资性公司时，外方可以获得广泛的经营范围，目前，投资性公司可在国家鼓励和允许外商投资的工业、农业、基础设施、能源等领域进行投资。

2.2.6 创业投资企业

创业投资指的是对那些还没有上市的高新技术企业的股权进行投资，并为之提供管理等方面的服务，同时获取资本增值收益的投资方式。而外商投资的创业投资企业是根据《外商投资创业投资企业管理规定》在中国境内设立的以创业投资为经营活动的外商投资企业。投资方为外国投资者或外国投资者与根据中国法律注册成立的公司、企业或其他经济组织。

创投企业可以采取非法人制和公司制两种组织形式，当采取非法人制组织形式时投资者对创投企业的债务承担连带责任。同时投资者也可以在创投企业合同中做一些约定，比如非法人制创投企业资产不足以清偿该债务时，由以创业投资为主营业务的必备投资者承担连带责任，其他投资者以其认缴的出资额为限承担责任。

要成立创投企业，对投资者的人和认缴出资总额有要求。对人的要求是投资者人数在 2 人以上 50 人以下；且应至少拥有一个以创业投资为主营业务的且符合其他条件的必备投资者。对认缴出资总额的要求是非法人制创投企业投资者认缴出资总额的最低限额为 1000 万美元；公司制创投企业投资者认缴资本总额的最低限额为 500 万美元。除必备投资者外，其他每个投资者的最低认缴出资额不得低于 100 万美元。外国投资者以可自由兑换的货币出资，中国投资者以人民币出资。

2.2.7 中外合作开发

中外合作开发是指中国公司与外国公司通过订立风险合同，对海上和陆上石油、矿产资源进行合作勘探开发。它是目前国际上在自然资源领域广泛使用的一种经济合作方式，其最大的特点是高风险、高投入、高收益。合作开发一般分为三个阶段，即勘探、开发和生产阶段。

2.2.8 BOT

BOT 方式是指投资者在投资国承担一个既定的工业项目或基础设施项目，负责项目的建造、营运、维修和转让。投资者在固定期限内营运设施并且被允许在该期限内收回对该项目的投资、营运、维修费及其他费用，在规定的期限满后，将该项目转让给项目方的政府。在中国，BOT 方式主要是设立项目公司的形式，被试用在高速公路、电厂、污水处理等领域。

2.3 企业注册登记

《中华人民共和国公司法》是市场的主体法，任何公司的设立、活动、解散及其他对外关系都要遵从该法律。2013 年 12 月 28 日第十二届全国人民代表大会常务委员会第六次会议修订了最新公司法，并于 2014 年 3 月 1 日起施行。2014 年最新公司法共修改了 12 个条款，主要涉及三个方面：

首先，将注册资本实缴登记制改为认缴登记制。以前公司股东（发起人）要成立公司，必须在自公司成立之日起两年内缴足出资，投资公司在五年内缴足出资；如果是一人有限责任公司，股东应一次足额缴纳出资，现在改为公司股东（发起人）自主约定认缴出资额、出资方式、出资期限等，并记载于公司章程的方式。如果法律、行政法规以及国务院决定对公司注册资本实缴有另行规定，按照规定的进行。

其次，放宽注册资本登记条件，主要表现在以下三方面：一、对公司注册资本最低限额有另行规定；二、取消有限责任公司、一人有限责任公司、股份有限公司最低注册资本分别应达 3 万元、10 万元、500 万元的限制；三、限制公司设立时股东（发起人）的首次出资比例以及货币出资比例。

最后，简化登记事项和登记文件。有限责任公司股东认缴出资额、公司实收资本不再作为登记事项。公司登记时，不需要提交验资报告。

2.4　政策及优惠

在中国投资应该注意以下政策和优惠：一、产业政策；二、地区政策；三、税收政策；四、金融与外汇管理；五、土地使用权的有偿获得；六、人员招聘、职工工资、保险福利、工时制度。

2.4.1　产业政策

在中国，政府对于外商投资项目分为鼓励、允许、限制和禁止四类，鼓励类、限制类和禁止类的外商投资项目，列入2004年修订的《外商投资产业指导目录》。允许类外商投资项目未列入《外商投资产业指导目录》。具体的分类细则可以详见《外商投资产业指导目录》。鼓励类外商投资项目可以依照有关法律、行政法规的规定享受优惠待遇，如果在鼓励类投资项目中从事投资额大、回收期长的能源、交通、城市基础设施（煤炭、石油、天然气、电力、铁路、公路、港口、机场、城市道路、污水处理、垃圾处理等）建设、经营的，经批准，还可以扩大与其相关的经营范围。鼓励类和限制类、并转让技术的外商投资项目，在投资总额内进口的自用设备，有些可以免征关税和进口环节增值税，具体是哪些设备可以查看《外商投资项目不予免税的进口商品目录》。1999 年，中国实施西部大开发战略，鼓励内外资企业前往投资，政府有关部门颁布了《中西部地区外商投资优势产业目录》。2013 年颁布了新修订的《中西部地区外商投资优势产业目录》，列入目录的投资项目可享受鼓励类外商投资政策。按《关于深入实施西部大开发战略有关企业所得税问题的公告》，自 2011 年 1 月 1 日至 2020 年 12 月 31 日，对设在西部地区以《西部地区鼓励类产业目录》中规定的产业项目为主营业务，且其当年度主营业务收入占企业收入总额 70%以上的企业，经企业申请，主管税务机关审核确认后，可减按 15%税率缴纳企业所得税。

2.4.2 地区政策

为了更好地促进经济的发展，中国实施了改革开放的政策，在沿海地区，设立了很多的经济特区，主要有：一、中国（上海）自由贸易试验区，国务院、交通部、证监会、银监会出台了相关的政策，目的是促进中国（上海）自由贸易试验区的发展；二、经济特区，包括深圳、珠海、厦门、汕头、海南岛、喀什等经济特区，在这些特区，国家和特区所在省市会采取一些特殊政策和灵活的措施，比如在资金和税收方面给予政策倾斜，从而吸引外资对该地区进行建设开发；三、国家级新区，主要有上海浦东新区、天津滨海新区、重庆两江新区、浙江舟山群岛新区、甘肃兰州新区、广东南沙新区、河南郑州郑东新区。在这些新区可以享受政策、资金等方面较大力度的支持。四、国家级经济技术开发区、边境合作区、高新技术产业开发区，分布于各省、直辖市、自治区，国务院、财政部出台了相关政策，从土地规划、基础设施、项目审批、金融政策、人才引进等方面对开发区进行支持；五、西部大开发政策，根据西部大开发战略，鼓励到中西部内陆地区进行投资，包括外资，并且能享受到相应的优惠政策。

2.4.3 税收政策

1. 主要税种

与中国的外商投资者、外国企业及外籍个人（包括我国港、澳、台胞）有关的主要税种包括：企业所得税、个人所得税、流转环节税（包括增值税、消费税、营业税）、土地增值税、印花税、车船使用牌照税、城市房地产税等进出口货物按海关关税条例及相关规定缴纳关税和进口环节增值税。

（1）企业所得税

自 2008 年 1 月份开始，外商投资企业在中国境内设立机构、场所从事生产、经营的外国企业所得税，按应纳税所得额计算，税率均为 25%，但外国企业在中国境内未设立机构、场所而有来源于中国境内的利润（股息）、利息、租金、特许权使用费和其他所得，应当缴纳 20% 的所得税。

（2）增值税

对商品（含应税劳务）在流转过程中产生的增值而征收的税，它的基本税率为 17%，粮食、食用植物油、自来水、图书、报纸、杂志、饲料、化肥、农药、农机等税率为 13%，纳税人包括在中国境内销售货物或者提供加工、修理、修配、劳务以及进口货物的单位和个人。

2011 年，财政部、国家税务总局联合下发营业税改征增值税试点方案。对试点地区增值税税率新增 11% 和 6% 两档低税率。租赁有形动产等适用 17% 税率，交通运输业、建筑业等适用 11% 税率，其他部分现代服务业适用 6% 税率。

（3）营业税

是对在中国境内提供应税劳务、转让无形资产或销售不动产的单位和个人，就其所取得的营业额征收的一种税，2011 年，经国务院批准，财政部、国家税务总局联合下发营业税改征增值税试点方案。截至 2013 年 8 月 1 日，“营改增”范围推广到全国试行。2015 年 5 月，营改增的最后三个行业建安房地产、金融保险、生活服务业的营改增方案将推出。其中，建安房地产的增值税税率暂定为 11%，金融保险、生活服务业为 6%。

（4）印花税

在中国境内进行购销、加工、承包、财产租赁、货物运输、仓储保管、借款、财产保险、技术合同以及产权转移票据、营业账簿、权利许可证照，均应按照规定缴纳印花税。不同的经济活动印花税税率不同，印花税税率最低为万分之零点五，最高为千分之一。权利许可证照和营业账簿（不包括记载资金的账簿）按件贴花，每件 5 元。

（5）进出口关税

目前中国进口关税平均税率为 9.8%。除对几项重要资源性商品征收出口关税外，中国对其他商品出口不征收出口关税。

（6）消费税

在中国境内生产、委托和加工进口烟、酒、酒精、化妆品、护肤护发品、贵重首饰及珠宝玉石、鞭炮、焰火、汽油、柴油、汽车轮胎、摩托车、小汽车等消费品的单位和个人需要缴纳消费税，消费税共设 14 个税目，14 档税率，从最低税率 3% 至最高税率 56%。消费税采取从量定额征收和从价定率征收两种办法。

（7）契税

在中国境内转移土地、房屋权属，承受的单位和个人需要缴纳契税，契税税率为 3% ～ 5%。

（8）城市房地产税

外商投资企业和外籍人士所拥有的房屋产权须缴纳城市房地产税。计算方法为，按房产原值一次减除 10% ～ 30% 后的余额计算纳税，年税率为 1.2%；或者按房产出租的租金收入计征，税率为 12%。房产税按年计算，分期缴纳。

（9）车船税

外商投资企业拥有和使用的车辆、船舶，均应按照《中华人民共和国车船税法》和所附《车船税税目税额表》的规定缴纳车船税。

（10）个人所得税

依照《中华人民共和国个人所得税法》及其实施条例的规定，凡是在中国境内有住所，或者无住所而在境内居住满一年的个人，从中国境内和境外取得的所得应当缴纳个人所得税。不同的个人和不同的所得，其缴纳的税率也不相同。详细规定情况可以查看《中华人民共和国个人所得税法实施条例》的规定。

个人在中国境内从事劳务所得报酬、稿酬所得、特许权使用费所得、利息、股息、红利所得等也应缴纳个人所得税。适用比例税率，税率为 20%。除此之外还有其他如下规定：

稿酬所得，按应纳税额减征 30%。劳务报酬所得，对于应纳税所得额超过 20000 元至 50000 元的部分，依照税法规定计算应纳税额后，再按照应纳税额加征五成；超过 50000 元的部分，加征十成。

劳务报酬所得、稿酬所得、特许权使用费所得、财产租赁所得，每次收入不超过 4000 元的，减除费用 800 元；4000 元以上的，减除 20% 的费用，其余额为应纳税所得额。

纳税义务人从中国境外取得的所得，准予其在应纳税额中扣除已在境外缴纳的个人所得税税额。但扣除额不得超过该纳税义务人境外所得依照本法规定计算的应纳税额。

2. 税收优惠

对外商投资企业的税收优惠很多，主要有以下几个方面：

（1）所得税地区投资优惠：经济特区税收优惠、沿海开放城市（地区）税收优惠、经济技术开发区税收优惠、高新技术产业开发区优惠。

（2）新办生产性外商投资企业，经营期在10年以上的，从开始获利的年度起，第一年和第二年免征所得税，第三至第五年减半征收所得税。从事农业、林业、牧业的外商投资企业和投资在经济不发达的边远地区的外商投资企业，依照前两条规定享受免税、减税待遇期满后，经企业申请，国务院税务主管部门批准，在以后的十年内可以继续按应纳税额减征15%到30%的企业所得税。

（3）基础产业税收优惠：外商投资企业投资能源、交通行业，不受区域限制，均减按15%的税率征收企业所得税。

（4）再投资退税优惠：外商投资企业的外国投资者，将从企业取得的利润直接再投资于该企业，增加注册资本，或作为资本投资开办其他外商投资企业，经营期不少于5年的，经投资者申请，税务机关批准，退还其再投资部分已缴纳所得税税款的40%（地方所得税不在退税之列）。

外国投资者在中国境内直接再投资举办、扩建产品出口企业或先进技术企业，以及外国投资者将从海南经济特区内的企业获得的利润直接再投资于海南经济特区内的基础设施建设项目和农业开发企业，经营期不少于5年的，经投资者申请，税务机关批准，全部退还其再投资部分已缴纳的企业所得税税款。但是，如果是外国投资者直接再投资举办、扩建的企业，自开始生产、经营起3年内没有达到产品出口企业标准的，或没有被继续确认为先进技术企业的，应当缴回已退税款的60%。

（5）鼓励兴办出口企业和先进技术企业的优惠：外商投资举办的产品出口企业，在依照税法规定免征、减征所得税期满后，凡当年出口产值达到当年企业产品产值70%以上的，可按税法规定减半征收。但经济特区和经济技术开发区，以及其他已按15%的税率缴纳所得税的产品出口企业，符合上述条件的，减半后税率不足10%的，应按10%的税率征收。外商投资兴办的先进技术企业，依照税法规定免征、减征期满后仍为先进技术企业的，可以按照税法规定的税率延长3年减半征收。减半后税率不足10%的，应按10%的税率征收。

（6）对能源、交通、港口、码头，以及其他重要生产性项目给予比上述规定更长期限的免征、减征优惠待遇，或者对非生产性的重要项目给予免征、减免的优惠待遇。

（7）外国投资者从外商投资企业取得的利润，免征预提所得税。

（8）外商投资企业免征城建税及教育费附加。

2.4.4 金融与外汇管理

自改革开放以来，我国逐渐形成了以中国人民银行为核心，国有商业银行为主体，其他多种机构并存，分工协作的金融机构体系。国家的金融监管，通过央行的货币控制管理手段来调节金融市场。中国的汇率实行以市场供求为基础，参考一篮子货币进行调节、有管理的、浮动的人民币汇率。人民币经常项下自由兑换，资本项下外汇仍实行严格管理。对外汇收支实行银行结售汇制度，对进出口收付汇实行核销制度。

2.4.5 土地使用权的有偿获得

在中国，土地属于国家、集体所有。国家依法对国有土地实行有偿使用制度。外商投资企业可以通过有偿和有期限使用方式获得土地使用权。土地使用权出让的方式为协议、招标、拍卖三种方式，外商投资企业也可以依法通过转让、租赁等方式，取得土地使用权。按照现行法规规定，土地使用权的最高使用年限：居住用地70年；工业、教育、科技、文化、卫生、体育用地50年；商业、旅游、娱乐用地40年；综合或其他用地50年。外商投资企业依照有关程序申请，并按规定缴纳有关土地费用，便可获得土地使用权。

2.4.6 人员招聘、职工工资、保险福利、工时制度

人员招聘：依据《中华人民共和国劳动法》等规定，外商投资企业可以根

据生产经营的需要，自行确定机构设置和人员编制，并自行进行人员招聘。也可以通过多种管道招聘人才，例如委托当地劳动部门确认的人才市场中介机构。如需招聘外籍及我国台湾、香港、澳门地区人员的，须按照国家有关规定，经当地劳动部门批准，并办理就业证等有关手续。

职工工资：董事会根据本企业的经济效益、劳动生产率并参考当地城镇居民消费价格指数和工资指导线等确定职工工资。但应依据《中华人民共和国劳动法》的规定和国家和当地最低工资规定。

保险福利：外商投资企业应当按照有关规定参加养老、失业、医疗、工伤、生育等社会保险，按照地方政府规定的标准，向社会保险机构按时、足额缴纳社会保险费。保险费应按照国家规定列支。职工个人也应按照有关规定缴纳养老保险费、医疗保险费和失业保险费。除上述社会保险之外，另有住房基金、职工教育培训、津贴补贴、法定休假等福利待遇。

工时制度：外商投资企业实行中国政府现行的工时制度，即：每日工作时间不超过 8 小时，每周平均工作时间不超过 40 小时。企业因生产特点不能实行标准工作时间的，经劳动部门审批，可实行非标准工作时间，即：不定时工作制和综合计算工时工作制。

2.5 中国边境经济合作区

中国与多个国家毗邻，东北与朝鲜接壤，东北、西北与俄罗斯、哈萨克斯坦、吉尔吉斯斯坦、塔吉克斯坦为邻，正北方是蒙古国，西部毗邻阿富汗、巴基斯坦，西南与印度、尼泊尔、不丹相接，南面有缅甸、老挝和越南。多样的地理环境不仅影响着我国与周边国家和地区之间在政治、文化方面的交流，更加决定了跨国经济发展上的协同合作。

自 1992 年以来，我国实施沿边开放战略，国务院陆续批准了黑河、绥芬河、珲春、满洲里、二连浩特、伊宁、博乐、塔城、畹町、瑞丽、河口、凭祥、东兴、丹东等 14 个沿边开放城市。同时相应成立了 16 个边境经济合作区，其中东北地区在内蒙古设立了满洲里边境经济合作区和二连浩特边境经济合作区，辽宁省设立了丹东边境经济合作区，吉林省设立了中国图们江区域（珲春）国际合作示范区，黑龙江省设立了黑河边境经济合作区、绥芬河边境经济合作区；西北地区在新疆维吾尔自治区设立了伊宁边境经济合作区、博乐边境经济合作区、塔城边境经济合作区和吉木乃边境经济合作区；西南地区在广西壮族自治区设立了凭祥边境经济合作区和东兴边境经济合作区，云南省设立了畹町边境经济合作区、河口边境经济合作区、瑞丽边境经济合作区和临沧边境经济合作区。边境经济合作区的设立，使各沿边开放城市充分利用自身与周边国家或地区的资源优势、技术产品优势以及市场等优势开展边境贸易和加工出口，推动当地经济社会发展。

内蒙古	满洲里边境经济合作区、二连浩特边境经济合作区
辽宁	丹东边境经济合作区
吉林	中国图们江区域（珲春）国际合作示范区
黑龙江	黑河边境经济合作区、绥芬河边境经济合作区
新疆	伊宁边境经济合作区、博乐边境经济合作区、塔城边境经济合作、吉木乃边境经济合作区
广西	凭祥边境经济合作区、东兴边境经济合作区
云南	畹町边境经济合作区、河口边境经济合作区、瑞丽边境经济合作区、临沧边境经济合作区

16 个边境经济合作区根据自身的资源优势和地域优势各有特点。

位于内蒙古地区及东北三省的 6 个边境经济合作区（满洲里边境经济合作区、二连浩特边境经济合作区、丹东边境经济合作区、中国图们江区域（珲春）国际合作示范区、黑河边境经济合作区、绥芬河边境经济合作区），在地理位置上与俄罗斯东部、朝鲜交界，贸易合作以木材加工、矿产资源的进出口为主，由此形成的贸易口岸将经贸合作延伸至韩国、日本等国家。

新疆地区的 4 个边境经济合作区（伊宁边境经济合作区、博乐边境经济合作区、塔城边境经济合作区、吉木乃边境经济合作区），依次序由南向北设立于新疆北部，与俄罗斯西部、哈萨克斯坦毗邻，向西延伸至欧亚大陆，成为中亚贸易交流的重要合作区域，新疆地区自然资源丰富，贸易集中于农业、畜牧业产品，近年来在前者奠定的良好基础上，大力发展煤电化工产业、建材产业、轻工产品加工产业、制造业等，致力于打造综合类边境经济合作区。

广西壮族自治区的两个边境经济合作区（凭祥边境经济合作区、东兴边境经济合作区）与云南省的四个边境经济合作区（畹町边境经济合作区、河口边境经济合作区、瑞丽边境经济合作区、临沧边境经济合作区）位于我国西南方向，与越南、缅甸等国家领土相交、山水相连，地理位置十分优越。自边境经济合作区设立以来，经过各方的努力建设，发展成为中越、中缅的贸易走廊，随之也成为了我国与东南亚各国经贸合作的枢纽。广西和云南省内的边境经济合作区属典型的亚热带季风气候，土地平坦肥沃，是种植各种农作物和热带经济作物、经济林木的天然宝地。周边国家矿产资源、农产品等也极为丰富，所以特色优质农产品产业、商贸物流产业、矿电产业、轻纺机电产业、生态文化旅游产业成为边境经济合作区五大支柱产业。近年来合作区逐渐谋求产品创新、技术转型，大力发展矿产品精深加工和生物资源加工产业，进出口贸易加工、新型建材以及其他附加值较高的新型产业。

2.5.1 东北地区的边境经济合作区

1. 满洲里边境经济合作区

满洲里边境经济合作区位于内蒙古满洲里市东部，处于中俄交界，1992 年 9 月 16 日经国务院特区办〔1992〕第 49 号《关于设立满洲里边境经济合作区的批复》批准设立，原始规划（起步区）面积 6.4 平方公里。经过建区至今 20 年的发展，现辖区面积 70.1 平方公里，西起（铁路南区为满西公路、北屯为世纪大街、五道街为电视路）、东至达永山，北起边防线、南至南山，外辖东山、南区两个街道办事处和满洲里进口资源加工园区，人口 10 万，已成为满洲里市主要的工业区、商业区、居住区。满洲里边境经济合作区依托自身地域优势和境外毗邻地区的资源优势，发展了以木材加工为主的进口资源加工业、以菜果出口为主的仓储物流业和商贸旅游新兴服务业等特色产业。现今，合作区已发展成为满洲里市的主城区，城市基础设施建设不断改善，工业实力持续增强，2003 年 7 月经批准建设了内蒙古自治区重点工业园区和循环经济示范园区——满洲里进口资源加工园区，利用由俄罗斯进口的木材资源，引进了 100 余家木材加工企业，木材加工能力达到700万立方米，上游产业发展锯材、板材、烘干材等初级加工，中游产业发展集成材、指接板、建筑结构材等中段加工，下游产业发展家具、木窗、木门、木屋等终端加工，构成了一条现代化产业链。与此同时，由于以加工进口木材为主的加工业发展迅猛，带动了服务业的发展，以菜果出口为主的仓储物流业和商贸旅游新兴服务业迅速在经济区内集聚。现有仓储物流企业36家，一次性仓储面积达11万平方米。满洲里边境经济合作区为满洲里的经济社会带来了巨大的活力与发展潜力。

2. 二连浩特边境经济合作区

二连浩特边境经济合作区位于二连浩特西北部和东部，1993年经国务院批准设立，总控制面积26平方公里，现已开发面积12平方公里，地理位置优越，交通便利，区内设两大功能区，出口加工区和口岸加工区，出口加工区以出口加工，商贸服务仓储物流、旅游服务为主；口岸加工区以木材加工、矿产品加工业、建材加工业、煤炭资源加工、铁路物流园区为主。目前二连浩特边境经济合作区已与国内外建立了长期稳定的经贸往来，主要利用蒙古与俄罗斯的自然资源，发展与出口资源加工为主的产业链。随着多年来的发展，二连浩特边境经济合作区，在木材加工方面，由初加工逐步转向以生产集成材、刨光材、木地板、拼板和木材废料综合利用的深加工；在铁矿石加工方面，园区不断加强技术创新，改进生产工艺，建设固体废物处理中心，对尾矿进行统一排放、集中处置、循环利用，推动口岸加工企业转型升级，逐步向环境友好型经济发展模式迈进。

3. 丹东边境经济合作区

丹东边境经济合作区于1992年7月7日经国务院批准设立。丹东市，地理位置优越，南临黄海，东与朝鲜隔鸭绿江相望，中朝贸易约70%通过丹东口岸过境，北依东北东部城市群，沿线的钢铁、煤炭、木材、粮食等物资的运输均以此为第一出海口，截至2007年底，已有20个国家和地区1443家中外企业落户，初步形成了机械制造、电子信息、生物制药、现代服装纺织、现代食品加工和现代服务业等新型产业，开发建设了鸭绿江桥商贸旅游区、江湾现代产业园区、金泉高新技术园区、文安国际商务区、临港工业东区，形成了东起中朝友谊大桥，西至大东港沿江沿海50公里开发开放带，逐渐形成了以临港型产业为重点的出口加工业产业基地，以高新技术园区为基础的高新技术产业聚集地，以港口为龙头辐射东北东部的区域物流中心。未来丹东边境经济合作区的发展目标，将不再局限于单纯工业区，力争成为一个集工业加工、物流、商贸、居住和旅游休闲为一体的新城区，成为我国东北东部具有强大竞争力的经济增长点。

4. 中国图们江区域（珲春）国际合作示范区

中国图们江区域（珲春）国际合作示范区面积约 90 平方公里，包括国际产业合作区、边境贸易合作区、中朝以及中俄珲春经济合作区四大板块，该示范区的设立标志着图们江区域国际合作和珲春开发开放进入一个新阶段。中国图们江区域（珲春）国际合作示范区以珲春市为中心设立，珲春市边境经济合作区地处吉林省长白山东麓、图们江下游，地理位置得天独厚，这里与中、朝、俄三国毗邻，是目前全国唯一集边境经济合作区、出口加工区和中俄互市贸易区“三区”一体的国家级开发区，又与中、朝、俄、韩、日五国水路相通，经过多年发展，逐渐形成了以日本工业园、韩国工业园、俄罗斯工业园和吉港工业园“四园”鼎立的兴盛局面。中国图们江区域（珲春）国际合作示范区不仅是连接五国经济贸易合作的重要走廊，也是东北亚地区重要的贸易合作平台、综合交通枢纽和商贸物流中心。

5. 黑河边境经济合作区

黑河边境经济合作区，是 1992 年 3 月经国务院批准，以发展对俄经贸合作和出口导向型工业为重点的国家级边境经济合作区。原始规划面积 7.63 平方公里，之后逐渐把新兴基础原材料加工区、西南工业区、吉斯达国际物流区、石化工业区、黑龙江大桥桥头区划归合作区管理，总面积扩大到 41.57 平方公里。黑河市，位于祖国北端，素来以商贸、旅游闻名遐迩，背靠小兴安岭，资源丰富，又与俄罗斯远东地区第三大城市，阿穆尔州州府布拉戈维申斯克市隔江相望，交通四通八达，无论是陆路运输还是海空运输均十分方便，黑河边境经济合作区的成立，依托俄罗斯丰富的电力资源、矿产资源、森林资源，在工业、农林业等各个方面开展贸易合作，使得黑河成为中俄贸易旅游的中心之一。

6. 绥芬河边境经济合作区

绥芬河边境经济合作区，于 1992 年 3 月经国务院批复成立，土地规划面积为21.5平方公里。经过近20年发展，截至2012年底，区内企业达到312家，固定资产投入累计34.24亿元，基础设施投入累计20.49亿元，园区距绥芬河市区4公里，东接保税区，东西分别有中央森林公园和国家森林公园。绥芬河边境经济合作区主要发展建设木材加工、食品加工、服装加工、装备制造以及现代物流服务等产业。

2.5.2 新疆地区的边境经济合作区

1. 伊宁边境经济合作区

伊宁边境经济合作区是1992年被国务院批准的国家级边境经济合作区，坐落于塞外名城伊宁市西郊，北跨218国道，南沿美丽的伊犁河畔，具有良好的区位优势、政策优势和环境优势。园区建设主要围绕“工业、商贸流通业、房地产业”三大产业板块，大力发展建材业、纺织工业、农副产品深加工业（生物制药业）、机械装备制造业、家具及小家电等轻工类产业。

2. 博乐边境经济合作区

博乐边境经济合作区于1992年经国务院批准为国家级边境经济合作区，是国务院批准的全国14个国家级边境合作区之一。博乐边境经济合作区位于新疆博乐市，依托城区建设，具有便利的基础设施和交通条件。规划发展区7.83平方公里，主要划分为工业、商贸、仓储、生活四个功能区。

3. 塔城市边境经济合作区

塔城市边境经济合作区是1992年国务院批准的14个国家级边境经济合作区之一。合作区东依塔城市区，西以边境检查站自然干河沟为界，塔城市边境经济合作区距国家一类口岸——巴克图口岸8公里，核定面积6.5平方公里，共分为6个功能区（中哈绿色农副产品交易市场、出口加工区、高新技术区、商贸中心区、仓储区、住宅区），口岸公路贯穿其中，形成了城市、合作区、口岸三位一体的经济发展格局，是国内距陆路口岸最近的合作区。

2.5.3 广西地区的边境经济合作区

1. 凭祥边境经济合作区

凭祥边境经济合作区，1992年经国务院批准设立，坐落在广西壮族自治区凭祥市南面，面积7.2平方公里，距越南首都河内168公里，距友谊关口岸8公里，在友谊关口岸与越南国家铁路公路干线对接，交通十分便利。凭祥毗邻越南，面向东盟10国，是连接我国与东盟的大陆桥。凭祥边境经济合作区内规划建立3个工业园：以进出口加工业为主的南山工业园和以制造业为主的岜口工业园；以建材生产为主的大弯弓工业园，其中首先南山工业园已全面启动。南山工业园以越南、东盟作为主要市场目标，优先引进高新科技型、进出口加工型及民营型企业。现进驻园区的企业有果品冷藏库、电子厂、环保型建材厂等。

2. 东兴边境经济合作区

东兴边境经济合作区，于1992年经国务院批准成立，具有得天独厚的地缘优势，不仅与越南接壤，还拥有50公里长的海岸线，交通发达，各项设施齐全，为贸易交流提供了便利。东兴边境贸易的主要形式是边境小额贸易和边民互市贸易，目前有4个专业市场：海鲜市场、轻纺市场、建材市场、农产品市场，合作区集贸易、监管、物流、仓储等四大功能。东兴口岸出口的商品主要有：布匹、成衣等轻纺产品，电风扇、洗衣机、电冰箱、电饭煲等家电产品，瓷砖等建材产品，罐头、饼干、啤酒等食品，以及摩托车、自行车、柴油机和其他机械设备，等等。进口的商品主要有：农副产品、工业原材料和海产品等，如香蕉、芒果、绿豆、芝麻、花生、茶叶、椰子油、木材、家具、煤、矿石、橡胶等。

2.5.4 云南地区的边境经济合作区

1. 畹町边境经济合作区、瑞丽边境经济合作区

畹町边境经济合作区、瑞丽边境经济合作区均属于瑞丽市管辖范围，瑞丽市西北、西南、东南三面与缅甸领土相交、山水相连，交通便捷，是中缅边境经济贸易的中心，也是中国与东南亚贸易交流的通道之一。边境经济合作区内规划完整，基础设施齐全，为中国与周边国家和地区的贸易往提供便利。边境经济合作区充分利用中缅两国原料和市场，推动以进出口加工业为基础，以农业、旅游业资源开发为导向的商贸合作。

2. 临沧边境经济合作区

临沧边境经济合作区原名耿马（孟定）边境经济合作区，于 2011 年 12 月 20 日正式启动建设，规划面积 3.47 平方公里，分为孟定核心园区、南伞园区和永和园区，是继设立瑞丽、畹町、河口 3 个国家级边境经济合作区以来，云南省获批的第 4 个国家级边境经济合作区。

2.6 中国(上海)自由贸易试验区

2.6.1 中国（上海）自由贸易试验区简介

中国（上海）自由贸易试验区位于上海市，于 2013 年 9 月 29 日挂牌成立。从此标志着中国新一轮改革开放即将开启。

中国（上海）自由贸易试验区是中国大陆境内第一个自由贸易区，是中国经济新的试验田，力争建设成为具有国际水准的投资贸易便利、货币兑换自由、监管高效便捷、法制环境规范的自由贸易试验区。上海自贸区的政策与经验强调复制性和推广性。

自贸区范围涵盖上海市外高桥保税区、外高桥保税物流园区、洋山保税港区和上海浦东机场综合保税区等 4 个海关特殊监管区域。2014 年 12 月 28 日全国人大常务委员会授权国务院扩展中国（上海）自由贸易试验区区域，将面积扩展到 120.72 平方公里。

外高桥保税区是全国第一个保税区，于 1990 年 6 月经国务院批准设立，规划面积 10 平方公里。经过 20 多年的发展，外高桥保税区已成为国内经济规模最大，业务功能最丰富的海关特殊监管区域，也是全国第一个“国家进口贸易促进创新示范区”。外高桥保税区做大做强酒类、钟表、汽车、工程机械、机床、医疗器械、生物医药、健康产品、化妆品、文化产品十大专业贸易平台，其中文化贸易平台被文化部授予全国首个“国家对外文化贸易基地”。

外高桥保税物流园区是我国第一个保税物流园区，于 2003 年 12 月经国务院批准设立，封关面积 1.03 平方公里。作为全国首个实施“区港联动”的试点区域，可同时享受保税区、出口加工区相关政策和上海港的港航资源。依托“区区联动”“进区退税”等政策功能优势，保税物流园区与外高桥保税区相辅相成、联动发展，是现代国际物流发展的重要基地。

洋山保税港区是我国第一个保税港区，于2005年6月经国务院批准设立，2012年1月批准扩区，规划总面积14.16平方公里，由小洋山港口区域、陆域部分和连接小洋山岛与陆地的东海大桥组成。洋山保税港区实行“区港一体”监管运作，是上海国际航运发展综合试验区的核心载体，集聚了包括通信及电子产品、汽车及零部件、高档食品、品牌服装等的分拨配送中心，基本形成了面向欧美的分拨配送基地、大宗商品产业基地、面向国内的进口贸易基地以及航运龙头企业集聚地。

浦东机场综合保税区于2009年7月经国务院批准设立，规划面积3.59平方公里。浦东机场综合保税区实行保税物流区域与机场西货运区一体化运作，具有浦东机场亚太航空复合枢纽港优势，是上海临空服务产业发展的先导区。目前已引进包括电子产品、医疗器械、高档消费品等全球知名跨国公司空运分拨中心以及百多个融资租赁项目，UPS、DHL和FedEx三大全球快件公司均入区发展，一批重点功能性项目已启动运作，机场综保区已逐步形成空运亚太分拨中心、融资租赁、快件转运中心、高端消费品保税展销等临空功能服务产业链。

2.6.2 中国（上海）自由贸易试验区主要政策

（1）国务院关于印发中国（上海）自由贸易试验区总体方案的通知

（2）文化部关于实施中国（上海）自由贸易试验区文化市场管理政策的通知

（3）中国银监会关于中国（上海）自由贸易试验区银行业监管有关问题的通知

（4）中国证监会：资本市场支持促进中国（上海）自由贸易试验区若干政策措施

（5）保监会八项措施支持中国（上海）自由贸易试验区

（6）国家工商总局《关于支持中国（上海）自由贸易试验区建设的若干意见》以及政策解读

（7）交通运输部：上海市人民政府关于落实《中国（上海）自由贸易试验

区总体方案》加快推进上海国际航运中心建设的实施意见

（8）关于中国（上海）自由贸易试验区有关进口税收政策的通知

（9）中国（上海）自由贸易试验区外商投资准入特别管理措施（负面清单）

（10）上海市工商行政管理局关于印发《关于中国（上海）自由贸易试验区内企业登记管理的规定》的通知

（11）中国（上海）自由贸易试验区境外投资开办企业备案管理办法

（12）中国（上海）自由贸易试验区外商投资企业备案管理办法

（13）中国（上海）自由贸易试验区境外投资项目备案管理办法

（14）中国（上海）自由贸易试验区外商投资项目备案管理办法

2.7 其他新设自贸区

除中国（上海）自由贸易试验区外，随后中国又设立三个自由贸易区，分别为中国（广东）自由贸易试验区、中国（天津）自由贸易园区、中国（福建）自由贸易试验区。

2.7.1 中国（广东）自由贸易试验区

2014年12月，国务院决定设立中国（广东）自由贸易试验区，广东自贸区涵盖四片区：广州南沙新区片区（广州南沙自贸区）、深圳前海蛇口片区（深圳前海蛇口自贸区）、珠海横琴新区片区（珠海横琴自贸区）、汕头海湾新区（华侨经济文化合作试验区），总面积152.2平方公里，广东自贸区立足面向港澳台深度融合。

南沙新区片区将面向全球进一步扩大开放，在构建符合国际高标准的投资贸易规则体系上先行先试，重点发展生产性服务业、航运物流、特色金融以及高端制造业，建设具有世界先进水平的综合服务枢纽，打造成国际性高端生产性服务业要素集聚高地。

前海蛇口片区将依托深港深度合作，以国际化金融开放和创新为特色，重点发展科技服务、信息服务、现代金融等高端服务业，建设我国金融业对外开放试验示范窗口、世界服务贸易重要基地和国际性枢纽港。

横琴新区片区将依托粤澳深度合作，重点发展旅游休闲健康、文化科教和高新技术等产业，建设成为文化教育开放先导区和国际商务服务休闲旅游基地，发挥促进澳门经济适度多元发展新载体、新高地的作用。

汕头华侨经济文化合作试验区赋予建设21世纪海上丝绸之路重要门户，先行先试，为新时期全面深化改革、扩大对外开放探索新路的重大使命。明确试验区要以合作、创新和服务为主题，构建面向海外华侨华人的聚集发展创新平台，建设跨境金融服务、国际采购商贸物流、旅游休闲中心和华侨文化交流、对外传播基地；大力发展跨境金融、商务会展、资源能源交易、文化创意、旅游休闲、教育培训、医疗服务、信息、海洋等富有活力的都市产业体系。

2.7.2 中国（天津）自由贸易园区

2014年12月12日决定设立中国（天津）自由贸易园区，试验区总面积为119.9平方公里，主要涵盖3个功能区，天津港片区、天津机场片区，以及滨海新区中心商务片区。作为北方首个自贸区，天津的战略定位将挂钩京津冀协同发展。在学习和复制上海经验的基础上，将重点摸索天津特色，包括：用制度创新服务实体经济；借“一带一路”契机服务和带动环渤海经济；突出航运，打造航运税收、航运金融等特色。

2.7.3 中国（福建）自由贸易试验区

2014年12月12日，国务院决定设立中国（福建）自由贸易试验区。中国（福建）自由贸易试验区包括了福州片区、厦门和平潭片区。福建自贸区着重进一步深化两岸经济合作。总面积118.04平方公里，包括平潭片区43平方公里、厦门片区43.78平方公里、福州片区31.26平方公里。

福建自由贸易试验区拟以“对台湾开放”和“全面合作”为方向，在投资准入政策、货物贸易便利化措施、扩大服务业开放等方面先行先试，率先实现区内货物和服务贸易自由化。

第三章

外商投资行业选择

3.1 外商投资产业指导目录(2015年修订)

中国地大物博，幅员辽阔，资源分布广泛，行业分类齐全。海外投资者在华投资之前，最先要考虑清楚的就是如何选择一个既具有良好发展前景同时又适合自身优势的行业。近年来，国际上关于“中国投资环境恶化”的言论渐长，但究其原因多是因为所在行业不再属于政策红利辐射范围，加上产业集聚、经济发展带动土地、劳动力价格上涨，以前所处的“超国民待遇”降为内外资同等“国民待遇”后，这种心理落差进一步助长了恶化言论。而实际上不过是外商入行时看错了方向，使错了力。因此，海外投资者在选择行业前的准备工作要充分、到位并且具有前瞻性，不仅能满足自身企业发展的需要，还能造福社会，实现共赢。

由此可见，入行之前仔细翻读《外商投资行业指导目录》(2015 年）是十分必要的，这份目录在今年刚进行过第六次修改，且变动幅度堪称史上之最，这也意味着某些新增加的条目细类是充分反映当前时代背景和顺应经济形势的最迫切的发展触点。海外投资者通过阅读目录，可以概览中国行业的全貌，并对行业发展的政策支持力度和禁区做到心中有数。而目前，随着中国入世以来的多方努力，加之改革开放的迫切需要，进一步扩大开放程度，健全国内投资体系已经迫在眉睫，中国国内投资环境正在逐渐形成良性循环，这对外商在华投资是重大利好。

《外商投资产业指导目录》为清楚地展现行业可行性，一直将所有行业分为鼓励类、限制类和禁止类，不在目录上的产业即为允许类。为了让外商清楚地了解中国的投资环境，这里将重点关注鼓励外商投资的产业条目，这些产业不仅发展前景好、市场需求大，还会在企业的发展过程中伴随着相当多的政策红利。综观目录可以看出，2015 年新修订的行业指导目录对旨在提高资源利用率、改进环境保护的外商投资，在鼓励类别中增加很多。主要体现在：新能源、新技术、新产品、综合开发、资源利用、环境保护等方面。这些词在制造业、服务业、农产品市场更为突出，而这些行业恰恰是外商投资最具优势的领域。

3.1.1 制造业

《外商投资行业指导目录》简单来说主要涉及农、林、牧业，采矿业，制造业，交通运输业，电力、火场等。近几年的数据统计显示，外商在华投资的众多行业中，制造业一直高居榜首，这在很大程度上推动了中国制造业技术的进步和管理水平的提升，也给外国投资者在华投资打出了响亮的招牌。虽然中国劳动力资源和土地资源的价格优势正在逐渐失去，但是不同区域的价格仍然存在差距，海外投资者在考虑成本问题的同时，可以从以往投资热门的东南沿海区域适当向东北及内陆区域转移，这些地区不仅廉价劳动力资源丰富，还因为政策支持，可以享有很多地方优惠政策，因此不失为一个投资新热点。

3.1.2 农、林、牧、渔业

众所周知，中国自古以来一直是农业大国，农产品资源丰富，品种多样，再加上劳动力富足，市场需求旺盛等特点，使得国内的农业生产始终有着得天独厚的硬件优势。因此外商在华投资农产品体系将受到良好的政策鼓励，例如：目录中将外商投资生态型种养殖、转基因等农业新技术开发利用以及木本食用油料、调料和工业原料的种植及开发放在鼓励类行业的首位，这是由于国内存在着较为廉价的劳动力和丰富的消费市场，在市场对木本食用油料、调料等农业生产原料需求旺盛的当下，农产品市场毋庸置疑地成为了外商在华投资过程中的热门选择。

但是中国一直缺乏先进的种植培育及生产技术，市场流通成本高、效率低下，缺乏特色鲜明的产品及品牌。而对于海外投资者而言，中国农产品市场的现状却更能发挥外资的优势。外商可以在综合考虑人口布局、交通等地理环境的同时，带着自身先进的管理经验和生产技术，建立自成一体的农产品循环体系，不但节省资源、保护环境，还能给企业带来超额利润和良好的口碑，为企业长期发展打下坚实的基础。此外，由于国内农副产品市场存在的固有弊端，农产品市场体系改革迫在眉睫，电子商务化、农产品信息化、流通标准化将成为必然趋势。综观国内现下的政策，中国对农副产品正在大兴鼓励之势，在这种情况下，外商进入将会搭乘政策便利之风，充分发挥优势，实现自身价值。

3.1.3 采矿业

对于海外投资者而言，矿产业也是在华投资的重点产业，尤其在面对全球能源紧张，能源价格暴涨暴跌、波动剧烈的现实情况下，合理利用和开发非常规能源已经具备了良好的经济可行性和广泛的社会效益。因此目录中对于石油、天然气、油页岩、油砂、页岩气、煤层气等非常规油气的勘探、开发十分重视，将其列在采矿业鼓励类条目的首位，加上中国国内勘探开发技术仍然落后于世界水平的现实，引进外资及技术进入采矿行业实在是中外投资者喜闻乐见、互利共赢的美好局面。

3.1.4 服务业

长期以来，服务业在中国的国际贸易中经常是收支逆差项，这意味着高技术、高增值的金融、保险、咨询等服务项目常常“入不敷出”。发展高素质服务业已然是国内各方的共同诉求，这样不仅能满足国内日益多样的需求，还能充分学习西方的先进经验。因此，海外投资者以承接服务外包方式从事服务产业是现实的必然选择。本着这样的考虑，2015 版目录中重点将服务外包纳入鼓励外商投资类别，同时为鼓舞万众创业、全民创新，国内大力支持创业投资企业和知识产权服务，这为外商在华投资的文化法律软环境奠定了良好的基础。

此外，中国政府鼓励的产业还涉及交通运输、仓储和邮政业，批发和零售业以及租赁和商务服务业等。面对日益变化的国际环境，对外开放正在逐步放开，之前普遍受到国际投资者关注的“中国投资环境恶化”的争议，究其原因还是在于海外投资者对于在华“国民待遇”及市场准入标准的争取和分歧，而这一点在 2015 年版的产业指导目录中已经充分体现，很多产业大幅放松了外资股份限制，限制类产业削减了一半，一般制造业和服务业基本对外资开放，在这种大势之下，充分利用自身技术及管理优势，投身新兴及重点行业，对于企业价值的自我实现十分重要。

3.2 中西部外商投资优势产业指导目录(2013年修订)

自 1999 年开始，中国就开始推行西部大开发战略，但一直以来成效缓慢，效益低下。外商投资多集中在产业集聚效应明显、投资环境较为健全的中南沿海地区，例如最早的珠江三角洲，不仅交通便捷、内外联动机制成熟，还享受到了前期的政策红利和廉价的劳动力资源。但随着这几年产业集聚愈加密集，东南沿海的经济发展已经成熟到了一定程度，不再需要国家的政策支持，加上产业饱和带来的环境污染、资源浪费，劳动力价格攀升，外商投资的成本优势已经悄然失去。因此，近几年来，外商在华的投资逐渐呈现出“北上”和“西进”的趋势，这在长期上是符合中国国内的发展需求的，并且具有强大的发展潜力和成长空间。

相比于趋近饱和的东南沿海地区，中国的中西部区域有着几点十分重要的投资优势：一是长期的、稳健的政策红利。这使得外商在华设厂的起步阶段甚至到发展、飞跃的阶段都有了坚实的政策基石来保驾护航。只要行业方向选的好，再搭上政策的顺风车，不怕企业发展不好。二是潜力巨大的市场前景。众所周知，中西部地区相较于经济发达的沿海地区，由于地理位置闭塞，经济发展缓慢，平均落后于沿海地区 10 年左右的发展程度。这虽然导致中西部的投资环境没有沿海地区那么完善，但同样使得中西部市场的饱和度还远没有达到满溢的程度，开发潜力巨大，市场需求旺盛。三是日益便捷的交通运输体系。中国的中西部虽然处于大陆内部，四面不通航线，但由于东水西调、西电东输、陆上丝绸之路、一带一路等政策的实施，中西部地区的交通枢纽作用已经愈加完善，不再成为西部欠发达的弊端。四是资源丰富。中西部地区的矿产资源、制造业、运输业发展潜力巨大，这都是《中西部外商投资优势产业目录》中重点鼓励的产业分类，再加上中西部地区较为廉价的劳动力资源和管理成本，以及较高的劳动效率，不仅单位劳动成本优势十分明显，而且地广人稀，资源广泛，是外商在华建厂的优势地区。

虽然之前的海外投资者多集中在沿海，但“北上”和“西进”的趋势已经不容打断，与其在大家都察觉的时候去分一杯羹，不如具有前瞻性地占据资源、地势优势，伴随着中西部逐渐发展而成长起来，这对于企业的长远发展而言更有成长的意义和价值。因此，针对《目录》中所重点关注的优势产业，海外投资者可以在充分调研的基础上，结合自身优势，选择最合适的行业进行投资。

3.3 外商投资新开放行业及优势行业投资分析

《外商投资产业指导目录》自 1995 年第一次发布以来，一直是外商在华投资的指导性纲领文件，为适应瞬息万变的国际环境，加速推进开放式发展路径，截至 2015 年，该目录已完成第六次修改工作。据有关部门及观察人士指出，此次修改实为历史上变动最大的一次，这也意味着在新的国际背景下，海外投资者将面临着全新的机遇与挑战。

相对于 2011 年而言，此次修改使得中国对外开放程度进一步加大，一般制造业基本向外商开放，市场准入条件内外资趋同。原来限制外商进入的条目相比原来缩减了近一半的数目，多数行业也逐步放开了对外商投资形式的限制，限于“合资、合作”形式及“中方控股”要求的条目大幅削减。放宽外资准入、优化投资结构、促进产业升级是此次目录修改的重要目标，市场准入条件一视同仁、鼓励类行业增加、限制类行业锐减，这对外商在华投资而言，是难得一遇的重要时机。因此抓住改革的重心和新开放产业对于外商投资十分重要。

新目录修改完成后主要呈现以下特点：

1. 市场准入放宽、外资管理方式转变。为适应经济全球化深入发展的新形势，营造健康良好的投资环境，中国多数行业将放开对外商投资形式的限制，原来仅限于“合资、合作、中方控股”的限制要求大幅削减，外商在华投资基本享受本地同等待遇。这是对于长久以来国际上“投资环境恶化”言论的重要反击。这也意味着中国新一轮的对外开放政策继续发力，更加透明的外商投资环境正在逐渐形成。政策改变在方便外资在华投资的同时，也能通过引进外资促进国内外多行业良性竞争，继而达到淘汰落后产业，优化产能结构、加速经济转型的效果。除此之外，2015 版的产业指导目录更注重外资管理方式的转变，从原来的限制、禁止到更多地运用市场调节、行业监管手段，鼓励用市场统一条件进行管制的行业都不再区分内外资，一律统一管理，为市场的进一步开放奠定了重要基础。

2. 扩大一般制造业和服务业，促进产业改造提升。此次目录变更后，高端制造业将成为外商投资的重点领域。外商投资产业的鼓励类中新增了纺织、化工、机械制造等新技术产品条目。制造业中也不再限制外商投资有色金属冶炼、小型工程机械、感光材料、氯霉素等产业，同时放松了对钢铁、乙烯、炼油、名优白酒等的股比要求，这意味着一般制造业基本对外商开放。

与此同时，为促进服务业发展，推进服务业开放程度。此次修订将机动车充电站、创业投资企业、知识产权服务、海上石油污染清理技术服务、职业技能培训、建筑机构、养老机构等 9 项新列入鼓励类条目中，医疗机构、金融租赁公司、直销、邮购、保险经纪公司、财务公司等也不再归为限制类条目。此外，目录还体现出有序开放服务业的思想，对相关产业提出一系列开放措施，着重放宽对电子商务、地铁、轻轨、演出场地、海上运输等领域的股本限制及要求。服务业的进一步开放将鼓励外资进入面向民生的服务业，推进服务业开放进程，尤其是激发养老机构惠及民生的重要作用。这些类目都是外商投资行业的首选。

3. 鼓励节能环保、推进新兴产业发展。资源浪费、产能过剩、环境污染、能源紧张一直是威胁世界各国的重要课题，而在中国，产能过剩现象更是普遍存在。为引进新能源、新技术，推动产业结构升级换代，此次目录将新能源汽车关键零部件、基于 IPv6 的下一代互联网系统设备等高端科技要求的条目新列入鼓励类目录中。同时为适应信息科技的高速发展，很多技术将面临更新换代，这使得产业指导目录原有条目中的多项技术指标必须更进一步，例如将鼓励类中液晶面板条目明确为6代以上。这也说明高端技术、节能减排、新能源科技等产业将成为外资在华投资的重要领域之一。

此外，为进一步落实“十二五”规划，推动中西部有机结合、资源优化，振兴传统产业基地，促进区域协调发展，外商在华投资时，中国境内对于老工业基地、中西部产业转移承接部分的产业都有一定的鼓励政策，如西部地区的鼓励类项目按15%的税率征收企业所得税。外商可充分参考新版目录的政策导向，结合自身优势，积极落实战略部署，推动自身企业发展。

第四章

项目核准和设立审批程序

4.1 核准与审批权限

海外投资者在慎重选择入行之后，就需要办理一系列相关程序将自己的身份落实。2014 年，国家发展和改革委员会正式发布新版《外商投资项目核准和备案管理办法》。该办法依据 9 年来的相关办理经验，结合全球化日益加深的时代背景，贯彻简政放权、深化管理体制改革的重要思想，将对外资项目全面核准制度改变为有限核准和普遍备案相结合的管理方式。因此，外商在华投资的审批程序正在逐渐简化，最终将过渡到全面实现登记备案制度的理想局面。

目前，除了一些特殊要求的项目需要到政府部门核准外，其余多数项目只需要简单备个案即可，简单易懂。而需要核准的项目就如下图所示，海外投资者可以根据投资总额的大小、《外商投资产业指导目录》（2015 年版）以及《政府核准的投资项目目录》（2013 年版）为界定依据，直观地区分自己的类别，尽快准确地找到相关部门，办理正规手续。

<table>
<tr><th>审批制度</th><th>范围</th><th>资金限额</th><th>核准部门</th></tr>
<tr><td rowspan="2">核准制</td><td rowspan="2">《外商投资产业指导目录》中有中方控股（含相对控股）要求的鼓励类项目</td><td>总投资(含增资)3亿美元及以上</td><td>国务院投资主管部门</td></tr>
<tr><td>总投资(含增资)3亿美元以下</td><td>地方政府</td></tr>
</table>

（续表）

审批制度	范围	资金限额	核准部门
	《外商投资产业指导目录》中要求的限制类项目（不含房地产）	总投资（含增资）5000万美元及以上	国务院投资主管部门
		总投资（含增资）5000万美元以下	省级政府
	《外商投资产业指导目录》限制类中的房地产项目	——	省级政府
	属于前款之外的《政府核准的投资项目目录》第一至十一项所列的外商投资项目	——	按《政府核准的投资项目目录》规定部门
备案制	其余外商投资项目实行备案制	——	——

审批程序的放宽不仅使得海外投资项目的设立程序简化、办事效率提高，还进一步推动了国内投资体制的改革，为国际投资者营造健康有序的投资环境做出了重要的尝试。

4.2 外商投资企业设立程序

外商在华投资的项目要想真正落地，按照传统的做法需要从立项、审批、注册到办理各项登记，业务十分复杂烦琐，这也是海外投资者一直抱怨中国投资软环境恶劣的重要原因。但随着改革开放力度的逐渐加大，中国式“一站式审批”和“一条龙服务”正如雨后春笋般席卷全国，这种多部门联合办公，集中解决外商投资者从立项到领证的全套服务，不仅大大减轻了自身的工作负担，还赢得了海外投资者的广泛好评。这些投资者们再也不用担心四处碰壁，中国的审批立项流程正逐步以公正、公开、简洁、直接的方式为广大投资者服务。

这种大家喜闻乐见的“一站式”服务，现在已经基本覆盖各省级行政单位，他们多以外商投资服务中心的形式存在，以“一站式审批”和“一条龙服务”

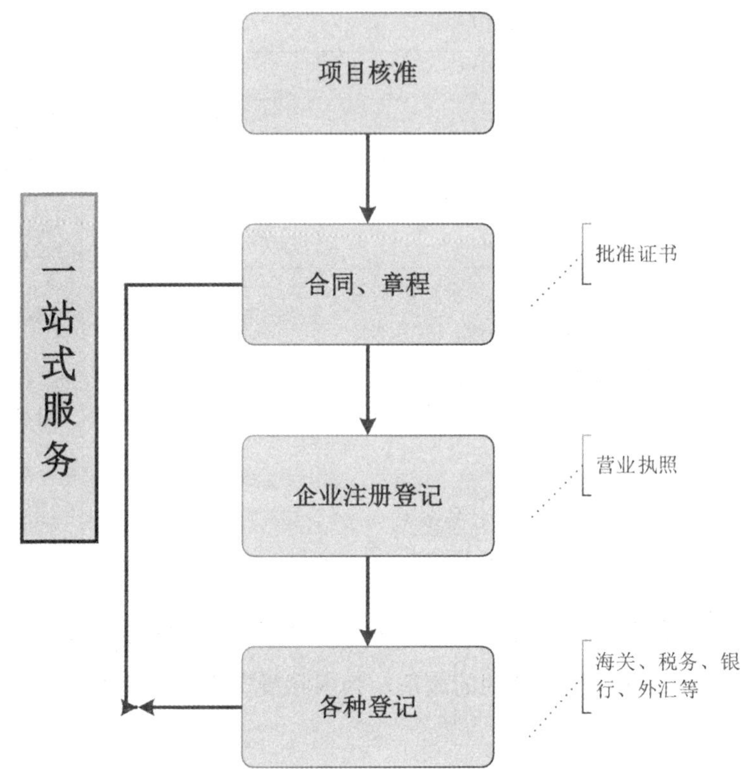

联合办公形式，一个窗口解决投资者所有的需求。例如在前期帮助寻找合作伙伴；协助选择厂址；编制项目建议书并代理上报；代办企业名称登记；编制可行性研究报告，代拟合同、章程，代办申请营业执照；中期可代办规划设计、工程建设和用地、环保、消防以及公用事业等有关建设手续和协调工作；后期可代聘员工，提供相关信息等服务。此外，咨询顾问公司、律师事务所、会计师事务所等中介服务机构也可为投资者提供高效优质的服务。

例如坐落在北京三环的外商投资者服务中心，一进门，整齐的八台电脑终端一字排开，投资者可以在这里查询到多种材料，从北京地区的资源现状，到目前各地的招商引资，凡是想要知道的信息都可以在这里查询。再往里走，一个明亮的窗口正对大门，客户可以在这里办理立项到领证的一切服务，不仅方便简单，还用时很短，再也不用费舟车劳顿的心神，真正为投资者实现一条龙服务。北京投资者服务中心自成立以来，已经接待了来自欧美、拉丁美洲、大西洋、太平洋等地的诸多国家，成功服务了美国杜邦公司、福特汽车公司、IBM 公司、德国西门子、泰国正大、马来西亚嘉里集团等诸多重量级客户，赢得了外商投资者的一致好评。

此外，还有诸如青岛市劳动部门成立的专门用来解决公司成立后劳动关系的一站式服务平台。这里主张“进了一个门，办完一切事”。根据劳动业务的需要，把政策咨询、劳动用工、工资审核、合同鉴证、社会保险等职能全部纳入一个服务窗口，集中服务，旨在创造一种令外商满意的新型劳动管理服务机制。这种服务机制目前已经取得一定的功效，青岛市劳动局还根据市场需求，建立人力资源贮备库并与外商投资企业相连接，帮助双方减少沟通成本，他们真正地将一站式服务做到实处，能够切实帮助投资者高效解决问题，是青岛的一道亮丽风景。

现在，中国的其他城市都布满着这些独具特色的办事地点，海外投资者再也不用担心烦琐的办事流程和冗杂的文件规程，只需要按照自身需求找到这些服务点就可以基本满足企业设立的多项需求，这使得在华投资的软环境逐渐改善，也是国际投资者们日渐将重心投放到中国的重要保证。

第五章

主要商务活动

5.1 中国国际投资贸易洽谈会

中国国际投资贸易洽谈会（简称“投洽会”）经中华人民共和国国务院批准，于每年 9 月 8 日至 11 日在中国厦门举办。投洽会以“引进来”和“走出去”为主题，以“突出全国性和国际性，突出投资洽谈和投资政策宣传，突出国家区域经济协调发展，突出对台经贸交流”为主要特色，是中国目前唯一以促进双向投资为目的的国际投资促进活动，也是通过国际展览业协会（UFI）认证的全球规模最大的投资性展览会。投洽会主要内容包括：投资和贸易展览、国际投资论坛及系列投资热点问题研讨会和以项目对接会为载体的投资洽谈。

投洽会期间，中华人民共和国商务部会主办“国际投资论坛”。国家相关部门将举办的数十场“引进来”“走出去”投资热点问题研讨会；投洽会组委会将组织举办“中国国际友好城市合作论坛”“资本论坛”和“国际友好商会圆桌会议”等活动。全球数十个国家和地区的政府、投资促进机构、商协会、企业将针对全球投资热点问题和各国（地区）产业政策导向及投资环境、项目组织数十场研讨会和发布会。届时相关国家领导人、政府高官、国际经济组织负责人、专家学者、企业家将莅会演讲。

投洽会组委会每年举行“外商对华投资项目对接会”“国内投资合作项目对接会”和“中国企业‘走出去’投资项目对接会”。其中“外商对华投资项目对接会”和“国内投资合作项目对接会”以基础设施、电子信息、现代物流、服务贸易、农业、食品饮料、石油化工、生物医药、能源环保、机械设备、冶金建材等行业为洽谈重点，“中国企业‘走出去’投资项目对接会”将按亚洲、欧洲、美洲、非洲和大洋洲，分成不同的洽谈区进行投资洽谈。

作为投洽会的重要组成部分，投资项目对接会（简称“对接会”）通过灵活多样的对接形式和高效的对接组织，精心为投资商和项目方搭建“一对一、面对面”的商务对接平台，让参会客商能在最广泛的范围内密集接触和高效选择潜在的合作伙伴，促进资本与项目的对接，推动招商引资工作和项目融资进程。每年组委会精选两万多个境内外优秀的招商项目，吸引来自数十个国家（地区）的近千家投资机构参加对接洽谈，其中包括美国空气化工、凯雷投资基金、霸菱投资基金、IDG 投资基金等境内外知名投资机构。截至 2015 年，历届对接会上签订的合同、协议金额已超过百亿美元，对接会日益成为世界各国投资机构寻找中国商机和中国企业开拓国际市场的高效的对接洽谈平台。

在世界经济持续不振的情况下，2015 中国国际投资贸易洽谈会（简称“投洽会”）依然魅力不减，历时 4 天，10 万平方米展览展示大放异彩，来自 105 个国家（地区）近 10 万名境内外客商、4000 多家企业云集厦门，其中境外政要、跨国公司高管、权威商协会负责人、知名企业总裁等重要嘉宾超过 250 位，1000 多场 3 万多个项目对接密集推出，300 多场商务洽谈、100 多场投资促进主题论坛精彩呈现。大会展览展示、论坛研讨、项目对接洽谈等各项活动已全部顺利完成，于 9 月 11 日在中国厦门圆满落下帷幕。

5.2 中国中部投资贸易博览会

中国中部投资贸易博览会由商务部、税务总局、工商总局、广电总局、国家旅游局、中国贸促会、全国工商联、中国工业经济联合会；山西、安徽、江西、河南、湖北、湖南六省人民政府联合主办，每年举办一次。第九届中国中部投资贸易博览会于 2015 年 5 月 18 日至 20 日在武汉举办。

“中部博览会”的活动内容主要包括货物贸易、投资洽谈、旅游洽谈、旅游推介和高峰论坛等。货物贸易主要是宣传展示中部各省优势产业及名优特产品。投资洽谈主要是开展会前投资促进、展示洽谈、投资推介、项目对接洽谈等。旅游推介主要是各省通过特装布展的形式展示和推介旅游资源，开展推介和洽谈。高峰论坛是围绕“中部崛起”，邀请国内外政要、商界精英、专家学者发表主旨演讲。

“中部博览会”为境内外投资贸易客商全面了解中国中部地区投资政策，获取重点项目建设信息，选择投资项目，开展经贸往来和兴业发展提供了绝好机会，同时，也为世界各地的企业进入中国、进入中国中部、展示自我寻求商机搭建了大好舞台。

中国中部地区包括山西、安徽、江西、河南、湖北、湖南6个省份，总面积102.8万平方公里，总人口3.61亿。中部地区位于中国内陆腹地，具有承东启西、连南通北的区位优势；自然、文化和旅游资源丰富，科教基础较好；拥有比较雄厚的工业基础，产业门类齐全；生态环境条件较好，承载能力较高，是中国重要的农产品、能源、原材料和装备制造业基地。举办中部博览会，将充分利用当前区域间生产要素和产业流动、转移加快的有利时机，搭建中部地区扩大对外开放、加强国际交流合作的重要平台，中外探讨共同发展机会。

2015年5月20日，为期三天的第九届中博会落下帷幕，中部六省签约项目总投资额达8800多亿元，同比增长16.7%。本届中博会共邀请境内外嘉宾及各类展商2.5万人，其中，重要嘉宾5628人，外宾占重要嘉宾总数51%，国际化水平大幅提升。举办41场经贸活动，中部六省、省内各市州均举办项目推介和洽谈会。据组委会统计，中博会签约内资项目537个，总投资额7083亿元，引进资金额6575亿元；签约外资项目总投资额288.95亿美元，引进资金额269.82亿美元。折合人民币计算，中博会签约项目投资额共计约8800多亿元。

5.3 中国兰州投资贸易洽谈会

“中国兰州投资贸易洽谈会”简称“兰洽会”，是中国西部地区主要的投资贸易洽谈会之一，已发展成为西部地区国际化和专业化的大型展会。自1993年开办以来，兰洽会坚持开拓创新，求真务实，在专业化、多元化方面不断取得新成就，展会规模和水平每届都有新提高。

2012年开始，兰洽会正式升格为国家级会议，商务部、国务院侨办开始参与主办。往届兰洽会于每年6、7月份在甘肃省会兰州举行。

经过多年的努力，兰洽会的品牌形象已经确立，成为甘肃、兰州招商引资的重要载体和对外开放的窗口。作为甘肃规格最高、成就最大的经贸盛会，兰洽会促进了地区间、行业间、企业间多层次、宽领域、全方位的合作与交流，有力推动了全省经济发展。

2015年7月11日，为期6天的第21届“兰洽会”落下帷幕。本届兰洽会成功签约项目1292个，签约项目合同金额6973.18亿元，比上届增长461.65亿元，签订外贸出口、境外工程承包及投资合同17个，项目合同金额22.35亿美元，是上届的2倍多。

本届兰洽会签约项目呈现以下特点：从产业类别看，现代服务类项目79个，引资额950.76亿元，占全市引资总额的68.46%，占比大幅提高；工业项目36个，引资额170.96亿元，占全市引资总额的12.31%；文化旅游类项目17个，引资额218.4亿元，占全市引资总额的15.7%；基础设施项目6个，引资额33.5亿元，占全市引资总额的2.4%；农业类项目6个，引资额15亿元，占全市引资总额的1.1%。

5.4 中国·廊坊国际经济贸易洽谈会

中国·廊坊国际经济贸易洽谈会是由商务部、河北省人民政府共同主办，商务部投资促进事务局、河北省商务厅、廊坊市人民政府承办的国家级国际性经济贸易洽谈会。往届于每年5月18日在河北省廊坊市举办，也称作“5•18”洽谈会。截至2015年，已经成功举办过32届。

1984年，河北省人民政府举办了首届“河北省利用外资引进技术暨出口商品贸易洽谈会”，该会每年举办一届，会议名称几经变革，由“河北省利用外资引进技术暨出口商品贸易洽谈会”“河北省经济贸易洽谈会”“东北亚暨环渤海国际商务节”到“中国·廊坊高新技术与现代服务业投资贸易洽谈会”，最终确定为“中国·廊坊国际经济贸易洽谈会”，会议时间定于每年5月18日。该会于2000年起正式落户廊坊市，2010年经中华人民共和国国务院批准，成为商务部、河北省人民政府共同主办的国家级国际性经济贸易洽谈会。

2015 年中国·廊坊国际经济贸易洽谈会成功举办。本届洽谈会举办中东欧合作专题活动、韩国主宾国活动、专题对接活动、贸易展览、合作项目签约仪式以及河北各市自办活动等十大类 100 多项活动。其中，京津冀产业创新协同发展高端会议与京津冀生态环境协同发展高端会议引人关注。贸易展览主要有大型环保产业展、新兴产业展、县域特色产业展、国际企业展、韩国主宾国展等 10 项，展览面积达到 6 万平方米，创历届之最。

专题对接活动包括中东欧合作专题活动、韩国主宾国系列活动，以及河北企业走进中亚、走进非洲等国际产能合作专题推介会，环保产业项目合作对接、创业导师河北行、电子商务发展论坛、京津冀招商引智大会等一系列专题活动。此外，河北各市结合自身产业特点以及重点发展方向，举办了近 20 场形式多样、内容丰富的专题对接活动。

5.5　中国西部国际博览会

中国西部国际博览会（以下简称“西博会”），是由中国西部地区共办、共享、共赢的国家级国际性盛会，是国家在西部地区的重要外交平台、贸易合作平台和投资促进平台，是实现“西部合作”“东中西合作”“中外合作”的重要载体，也是西部地区对外开放合作的重要窗口。

西博会始创于 2000 年，每年一届在四川成都举办。前十届西博会，均有多国国家元首、政府总理与副总理、部长级官员及国际经贸组织重要人物出席；累计布展 44 万平方米，举办各类经贸活动 350 多场；共有 16542 家国内外企业参展，100 多家国内外经贸组织通过这一平台建立起了良好的合作关系；中国国内 31 个省（区、市）和重点城市全部参展参会。

西博会上，西部各省市在本届西博会上都不约而同地将西向战略、西部机遇作为各自形象展示的主题词。2014 年西博会轮值主席省陕西省围绕“丝绸之路经济带新起点”主题，在展区设置了陕西新形象、航空航天、文化产业、果业及各地市特色企业五大板块，展示古都航空航天工业的新成果以及非物质文化遗产等；广西壮族自治区展区将以“发展、创新、魅力”为主题，展示广西在新一轮西部大开发、建设西部经济强区、21 世纪“海上丝绸之路”、沿边开发开放试验区、南宁内陆开放型经济战略高地、左右江革命老区振兴规划等方面优势；新疆维吾尔自治区参展主题为“共建丝绸之路经济带”，组织了全疆 14 个地州市及特色优势企业参展参会；云南省作为上届西博会的轮值主席省，将主要突出自身在“一带一路”和面向西南开放重要桥头堡及国家沿边开发开放战略中的重要地位；四川省则将以“构建多点多极支撑发展格局，着力塑造区域发展新版图”为主题，重点介绍四川多点多极支撑发展，综合竞争优势明显，西部综合交通枢纽，内陆开放高地加快建设，加快发展成都经济区，推动川南经济区突破，培育川东北经济区新兴增长极，打造攀西特色经济区等方面的规划和成果……在一系列区域战略带动下，西部地区的后发优势得到充分发挥有利于区域结构改善，已经成为我国经济发展中的新亮点，而其后发优势的持续发挥，更将成为处于战略机遇期的中国经济的潜力所在。

2014 年 11 月 3 日下午，第十五届西博会新闻发布会在成都举行，历时 12 天的本届西博会圆满落幕。本届西博会紧紧围绕服务西部地区经济发展大局，不断扩大投资贸易成果。共签约投资项目 1067 个，投资签约额 8050.9 亿元（人民币，下同），分别比上届增长 131% 和 43%。其中，四川省签约项目 868 个，投资额 6028.6 亿元，占签约总额的 74.9%。西部 11 省（区、市）及新疆生产建设兵团签约项目 199 个，投资额 2022.3 亿元，占签约总额的 25.1%。本届轮值主席单位陕西省和主题市泸州市分别签约投资项目 18 个、48 个，投资总额分别为 211.85 亿元和 330.6 亿元。大会实现贸易成交 1210 亿元，较去年增长 12.24%。其中，四川省成交 436 亿元、国内省外成交 376.2 亿元、境外成交额 64.5 亿美元（折合人民币 397.8 亿元），分别占总成交额的 36%、31.1% 和 32.9%。

主展场展览总面积 24 万平方米，为历届之最，参展国家、参展企业、国家馆数量均创历史新高。英特尔、戴尔、微软、诺华、康宁等来自 76 个国家和地区的 8981 家企业参展，境外企业达 2951 家；法国、美国、德国、捷克、南非等 14 个国家设置国家馆。第一、二段主展场观众流量 50 多万人次。第七届中国西部国际采购商大会作为西博会贸易合作的重要载体，共举办 20 余场专场对接洽谈活动，来自 12 个国家和地区的 600 家重点采购商到会采购，3.4 万余名境内外专业观众参会。

5.6 中国国际文化产业博览交易会

中国（深圳）国际文化产业博览交易会（以下简称“文博会”）由中华人民共和国文化部、中华人民共和国商务部、国家广播电影电视总局、中华人民共和国新闻出版总署、广东省人民政府和深圳市人民政府联合主办，由深圳报业集团、深圳广播电影电视集团、深圳发行集团公司、深圳国际文化产业博览会有限公司承办的唯一国家级文化产业博览交易盛会，每年 5 月在深圳举行。

文博会是中国唯一一个国家级、国际化、综合性的文化产业博览交易会，以博览和交易为核心，全力打造中国文化产品与项目交易平台，促进和拉动中国文化产业发展，积极推动中国文化产品走向世界。

文博会也是中国唯一一个获得 UFI 认证的综合性文化产业博览交易会，被列入《国家“十一五”时期文化发展规划纲要》重点扶持的重点展会之一。

文博会以“国际化、专业化、市场化、规范化、精品化”为办展思路。至今已经连续成功举办七届。文博会浓缩了中国文化精华，集中展示了中国最优秀的文化产品和文化成果，成为中国文化产业整体实力展示的舞台。文博会是了解中国文化产业发展现状和文化产品市场、进行文化产业技术和信息交流的理想渠道，同时为中国文化产品的国际采购提供集中的“卖家资源”，实现更快捷、更便利、更低成本采购，是中外文化产业界实现交流与合作的绝佳平台。

第九届文博会于 2013 年 5 月 20 日下午 3 时闭幕。记者从文博会组委会了解到，本届文博会以“贸易扬帆，文化远航”为主线，着力推动文化贸易，前三天总成交额比上一届同期增长 15.85%，超亿元项目 157 个。合同成交额占总成交额 63.98%，同比增长 24.87%；意向成交额占总成交额 30.41%，同比下降 0.92%；零售成交额占总成交额 4.28%，同比增长 9.88%；拍卖成交额占总成交额 1.33%，同比增长 169.51%，前三天总成交额比上一届同期增长 15.85%，超亿元项目 157 个。

5.7 中国—东盟博览会

中国—东盟博览会（CHINA-ASEAN Exposition 简称 CAEXPO），由中国前国务院总理温家宝倡议，中国和东盟10国经贸主管部门及东盟秘书处共同主办，广西壮族自治区人民政府承办的国家级、国际性经贸交流盛会，每年在广西壮族自治区的首府南宁举办。

中国—东盟博览会是中国境内唯一由多国政府共办且长期在一地举办的展会。以展览为中心，同时开展多领域多层次的交流活动，搭建了中国与东盟交流合作的平台。以促进中国—东盟自由贸易区建设，共享合作与发展机遇为宗旨，围绕《中国与东盟全面经济合作框架协议》以双向互利为原则，以自由贸易区内的经贸合作为重点，面向全球开放，为各国商家共同发展提供新的机遇。

中国—东盟博览会具有鲜明特色：

1. 进口与出口相结合，以进口为特色，强调对东盟市场开放，做东盟商品进入中国的桥梁。

2. 投资与引资相结合，以中国企业“走出去”为特色，做中国企业投资东盟的平台。

3. 商品贸易与服务贸易相结合，以旅游服务和中小企业技术创新成果转让为切入点，培育中国与东盟经贸合作的新增长点。

4. 展会结合，相得益彰。中国—东盟商务与投资峰会和博览会同期举办，二者有机结合，相互促进。“两会”期间，既有实实在在的经贸活动，又有政府、企业、专家学者的相互对话与交流。

5. 经贸盛会与外交舞台。博览会既是一次经贸盛会，又是一次多边国际活动，增进了了解，充分体现了中国与东盟睦邻友好、建立面向和平与繁荣的战略合作伙伴关系的宗旨和意图，务实地推动了中国与东盟国家区域经济合作的深入发展。

6. 经贸活动与文化交流相结合。博览会期间同时举办“风情东南亚”晚会、“南宁国际民歌艺术节”开幕晚会、“中华情”晚会、高尔夫名人赛、“网球之友”名人赛、时装节、美食节等，五彩纷呈的文化体育活动穿插其间。

2014年中国—东盟博览会成果丰硕，本届博览会共设展位4600个，参展企业2330家，其中东盟和区域外企业展位数1259个，在南宁会展中心，外国展位数比例达42%，在全国大型展会中最高。参展参会客商5.7万人，采购商团组超过80个，比上届增长14%，会期贸易成交更加活跃。本届大会集中签约共签订国际经济合作项目72个。其中，中国企业对境外投资和承包工程等对外投资与合作项目14个；中国利用外资项目58个。东盟对中国出口订单显著增多。会期举办了投资合作圆桌会、产业园区招商大会、中国驻东盟使领馆经商参赞与企业交流会等活动，在推动中国企业投资东盟、促进双向投资等方面取得新进展，投资合作项目比往届增多。

5.8 中国(北京)国际服务贸易交易会

中国（北京）国际服务贸易交易会是经国务院批准，由中华人民共和国商务部、北京市人民政府主办的大型交易会，简称京交会，源于近年来，全球服务贸易快速发展，已成为世界经济增长的新动力，自2012年起每年5月28日在北京举行，会期5天。

京交会定位于国家级、国际性、综合型服务贸易交易会，是迄今为止全球唯一涵盖世贸组织界定的服务贸易12大领域（包括商务服务，通讯服务，建筑及相关工程服务，金融服务，旅游与旅行相关服务，娱乐、文化与体育服务，运输服务，健康与社会服务，教育服务，分销服务，环境服务，其他服务）的综合型服务贸易交易平台。京交会旨在成为国际服务贸易的洽谈交易平台、国际服务贸易政策的研讨发布窗口、各国服务贸易企业的交流合作桥梁。

2014年5月28日，第三届中国（北京）国际服务贸易交易会在国家会议中心开幕，6月1日闭幕。作为全球服务贸易规模最大的交易会，此届京交会共达成签约项目236个，意向签约额818.3亿美元，比第二届增长4%。其中，国际项目意向签约额大幅增长，达355亿美元，是第二届的3.3倍，占总签约额43.4%。同时，京交会服务全国服务贸易发展的作用更加明显。北京以外其他省区市的项目意向签约额达343.6亿美元，是第二届的2.1倍，占总签约额

42%。本届京交会共有117个国家和地区15.3万人次参展参会，首次实现全球服务贸易20强国家和地区均有客商参会，先后举行了133场展览展示、论坛活动、洽谈交易活动。

5.9 其他主要商务活动列表

会议名称	举办时间	举办地点
中国国际服务外包交易博览会地方申办	视具体情况定	地方申办
中国东西部合作与投资贸易洽谈会	4月份	西安
中国（重庆）国际投资暨全球采购会	5月份	重庆
中国昆明进出口商品交易会	5月份	昆明
中国—俄罗斯博览会	6—7月份	哈尔滨
中国国际（大连）软件和信息服务交易会	6月份	大连
中国—亚欧博览会	9月份	乌鲁木齐
中国国际装备制造业博览会	9月份	沈阳
中国吉林·东北亚投资贸易博览会	9月份	长春
中国—阿拉伯国家博览会	9月份	银川
中国（上海）国际跨国采购大会	9月份	上海
中国（太原）国际能源产业博览会	9月份	太原
中国苏州电子信息博览会	10月份	苏州
中国国际工业博览会	11月份	上海
中国国际高新技术成果交易会	11月份	深圳

第六章

外籍人士在华生活

6.1 出入境及居住证件

6.1.1 入境签证

外籍人士需有效签证入境，可向中国驻外国的外交代表机关、领事机关或者外交部授权的其他驻外机关申请办理签证。

签证的类别有很多，根据外籍人士来华的身份和所持有护照的类型分不同的签证，主要包括外交签证、礼遇签证、公务签证和普通签证。而商务人士最常用的是普通签证，普通签证分为以下类型，并在签证上标明相应的汉语拼音字母：

（一）C 字签证，发给执行乘务、航空、航运任务的国际列车乘务员、国际航空器机组人员、国际航行船舶的船员及船员随行家属和从事国际道路运输的汽车驾驶员。

（二）D 字签证，发给入境永久居留的人员。

（三）F 字签证，发给入境从事交流、访问、考察等活动的人员。

（四）G 字签证，发给经中国过境的人员。

（五）J1 字签证，发给外国常驻中国新闻机构的外国常驻记者；J2 字签证，发给入境进行短期采访报道的外国记者。

（六）L 字签证，发给入境旅游的人员；以团体形式入境旅游的，可以签发团体 L 字签证。

（七）M 字签证，发给入境进行商业贸易活动的人员。

（八）Q1 字签证，发给因家庭团聚申请入境居留的中国公民的家庭成员和具有中国永久居留资格的外国人的家庭成员，以及因寄养等原因申请入境居留的人员；Q2 字签证，发给申请入境短期探亲的居住在中国境内的中国公民的亲属和具有中国永久居留资格的外国人的亲属。

（九）R 字签证，发给国家需要的外国高层次人才和急需紧缺专门人才。

（十）S1 字签证，发给申请入境长期探亲的因工作、学习等事由在中国境内居留的外国人的配偶、父母、未满 18 周岁的子女、配偶的父母，以及因其他私人事务需要在中国境内居留的人员；S2 字签证，发给申请入境短期探亲的因工作、学习等事由在中国境内停留居留的外国人的家庭成员，以及因其他私人事务需要在中国境内停留的人员。

（十一）X1 字签证，发给申请在中国境内长期学习的人员；X2 字签证，发给申请在中国境内短期学习的人员。

（十二）Z 字签证，发给申请在中国境内工作的人员。

外国人申请办理签证，应当填写申请表，提交本人的护照或者其他国际旅行证件以及符合规定的照片和申请事由的相关材料。

（一）申请 C 字签证，应当提交外国运输公司出具的担保函件或者中国境内有关单位出具的邀请函件。

（二）申请 D 字签证，应当提交公安部签发的外国人永久居留身份确认表。

（三）申请 F 字签证，应当提交中国境内的邀请方出具的邀请函件。

（四）申请 G 字签证，应当提交前往国家（地区）的已确定日期、座位的联程机（车、船）票。

（五）申请 J1 字及 J2 字签证，应当按照中国有关外国常驻新闻机构和外国记者采访的规定履行审批手续并提交相应的申请材料。

（六）申请 L 字签证，应当按照要求提交旅行计划行程安排等材料；以团体形式入境旅游的，还应当提交旅行社出具的邀请函件。

（七）申请 M 字签证，应当按照要求提交中国境内商业贸易合作方出具的邀请函件。

（八）申请 Q1 字签证，因家庭团聚申请入境居留的，应当提交居住在中国境内的中国公民、具有永久居留资格的外国人出具的邀请函件和家庭成员关系证明，因寄养等原因申请入境的，应当提交委托书等证明材料；申请 Q2 字签证，应当提交居住在中国境内的中国公民、具有永久居留资格的外国人出具的邀请函件等证明材料。

（九）申请 R 字签证，应当符合中国政府有关主管部门确定的外国高层次人才和急需紧缺专门人才的引进条件和要求，并按照规定提交相应的证明材料。

（十）申请 S1 字及 S2 字签证，应当按照要求提交因工作、学习等事由在中国境内停留居留的外国人出具的邀请函件、家庭成员关系证明，或者入境处理私人事务所需的证明材料。

（十一）申请 X1 字签证应当按照规定提交招收单位出具的录取通知书和主管部门出具的证明材料；申请 X2 字签证，应当按照规定提交招收单位出具的录取通知书等证明材料。

（十二）申请 Z 字签证，应当按照规定提交工作许可等证明材料。

签证机关可以根据具体情况要求外国人提交其他申请材料。

外国人有下列情形之一的，应当按照驻外签证机关要求接受面谈：

（一）申请入境居留的；

（二）个人身份信息、入境事由需要进一步核实的；

（三）曾有不准入境、被限期出境记录的；

（四）有必要进行面谈的其他情形。

6.1.2 入境

外籍人士抵达中国时，应首先向口岸检查处验证护照、签证和有关证件，填写入境卡，经检查核准后获得允许，方可入境。

入境旅客须向海关办理申报携带行李物品的有关手续。海关申报事宜请注意入境处所张贴的告示，除禁止入境的货品外，海关准许进入境的外籍人士自用的合理数量范围的行李物品免税入境。

6.1.3 居留证件的办理

居留证的种类有以下几种：

（一）工作类居留证件，发给在中国境内工作的人员；

（二）学习类居留证件，发给在中国境内长期学习的人员；

（三）记者类居留证件，发给外国常驻中国新闻机构的外国常驻记者；

（四）团聚类居留证件，发给因家庭团聚需要在中国境内居留的中国公民的家庭成员和具有中国永久居留资格的外国人的家庭成员，以及因寄养等原因需要在中国境内居留的人员；

（五）私人事务类居留证件，发给入境长期探亲的因工作、学习等事由在中国境内居留的外国人的配偶、父母、未满 18 周岁的子女、配偶的父母，以及因其他私人事务需要在中国境内居留的人员。

外国人申请办理外国人居留证件，应当提交本人护照或者其他国际旅行证件以及符合规定的照片和申请事由的相关材料，本人到居留地县级以上地方人民政府公安机关出入境管理机构办理相关手续，并留存指纹等人体生物识别信息。

（一）工作类居留证件，应当提交工作许可等证明材料；属于国家需要的外国高层次人才和急需紧缺专门人才的，应当按照规定提交有关证明材料。

（二）学习类居留证件，应当按照规定提交招收单位出具的注明学习期限的函件等证明材料。

（三）记者类居留证件，应当提交有关主管部门出具的函件和核发的记者证。

（四）团聚类居留证件，因家庭团聚需要在中国境内居留的，应当提交家庭成员关系证明和与申请事由相关的证明材料；因寄养等原因需要在中国境内居留的，应当提交委托书等证明材料。

（五）私人事务类居留证件，长期探亲的，应当按照要求提交亲属关系证明、被探望人的居留证件等证明材料；入境处理私人事务的，应当提交因处理私人事务需要在中国境内居留的相关证明材料。

外国人申请有效期 1 年以上的居留证件的，应当按照规定提交健康证明。健康证明自开具之日起 6 个月内有效。

外国人在中国境内有下列情形之一的，属于非法居留：

（一）超过签证、停留居留证件规定的停留居留期限停留居留的；

（二）免办签证入境的外国人超过免签期限停留且未办理停留居留证件的；

（三）外国人超出限定的停留居留区域活动的；

（四）其他非法居留的情形。

6.1.4 出境

外籍人士须在签证准予停留的期限内或居留证件的有效期内出境。持有居留证件的人，若在居留证件有效期内出境并需要返回中国的，应当在出境前向当地公安机关申请办理返回中国的签证；若出境后不再返回的，出境时应向中国边防检查站缴销居留证件。

6.2 房屋

房屋租赁：出于维护国家安全、社会秩序或者其他公共利益的原因，市、县公安局可以限制外国人或者外国机构在某些地区设立住所或者办公场所。只有经过当地公安机关批准的房地产才可以出租给外籍人士，如外销商品房等。一般来说，外籍承租人是不能承租普通居住社区或内销商品房的，不过在有些城市这些限制在逐步放开。

目前在中国的大中城市中，房屋租赁行业高度发展，拥有众多中介机构，中介机构主要有两种：租房店面和租房网站，租房店面以“链家地产”“我爱我家”等为代表，租房网站以“链家网”“赶集网”“58 同城”等为代表。外籍人士可以与这些中介机构进行联系，更便捷地进行房屋租赁。

房屋买卖：外籍人士可以根据中国相关法律规定在中国境内购买商品房。外籍人士在中国境内购买的商品房属于私有财产，必须在规定的期限内，到房产所在地房地产管理部门办理房屋所有权登记手续，领取房产证。

房屋出售：外籍人士可以出售私有房屋，在出售房产后，买卖双方须向房产管理机关办理房屋所有权转移、变更手续。

房产继承：外籍人士继承在中国境内的房产须向中国公安机关申请办理公证书，以证明其住址，以及本人与在中国遗留有房产的被继承人的亲属关系。外籍人士继承中国境内的房产，归中国法律管辖。

另外，在中国的一些城市，存在针对境外人士的房地产限购政策，每个城市各有不同，需要关注每个城市的相关法规。但是目前来看，许多城市的限购政策都在逐步放松，例如，2015 年 8 月 27 日，商务部网站挂出《住房城乡建设部等部门关于调整房地产市场外资准入和管理有关政策的通知》显示，境外机构在境内设立的分支、代表机构（经批准从事经营房地产的企业除外）和在境内工作、学习的境外个人可以购买符合实际需要的自用、自住商品房。

6.3 子女教育

在中国，只有经省级教育部门批准获得接收外国学生资格的中小学才能接收外籍学生入校学习。在国内，这样的学校有三类，即国际学校、对外开放的学校和使馆学校。

6.3.1 国际学校

国际学校是指跟随外国侨民母国的教育制度，为外国侨民提供其母语教育的学校。近年来又发展成同时可以为本国学生提供国外教育模式的学校。

1. 学校类型

第一类是由在中国境内合法设立的外国机构、外资企业、国际组织的驻华机构和合法居留的外国人开办的国际学校（简称为“外籍人士开办的国际学校”），如上海美国人学校、广州美国人学校等。

第二类是同时招收中国学生又具有接收外国留学生资格的学校，如广州亚加达国际预科等。这类学校采用国际课程（IB），有独立的校园，其课程体系、教育理念、硬件设施和学生构成都是国际化的学校。如广州亚加达国际预科的国际学生比例为 30%，采用 IB 课程体系和全英文授课，老师为全外教。

第三类是本地学校开设的国际部，开设的 AP 和 A-Level 只是针对中国学生的培训课程，他们的课程是外国的课程，但上课的模式、教育理念和学生构成，都是中国（式）的，所以严格来说，这些学校不能算是国际学校。

第四类是外国机构或个人开办的补习中心。

2. 国际学校的课程设置

一般可分为“国际课程”“本国课程”“组合型课程”以及“中文课程”。

（1）国际课程

“国际课程”以英语为教学语言，采用英美式教学方式，目标是让学生最终进入世界名校。

如国际文凭组织（IBO）的大学预科文凭项目（IBDP）为例，是一套要求严格的大学预科国际文凭课程，此课程要进行各种考试，适合年龄在 16 至 19 岁之间，具有高度进取心的中学生们的学习需要。按照设计，大学预科项目是一套两年制的综合性课程，毕业生能够达到各国教育体制的要求，其课程模式不是建立在某一个国家的模式之上，而是吸取了许多国家教育体制中的精华。目前采用的教学语言是：英语、法语和西班牙语。

（2）本国课程

“本国课程”是为来自不同国家的学生以母语和本国教学大纲为蓝本进行的教学，主要目标是让学生毕业后能进入本国大学学习。同时，作为兴趣课的汉语和中国文化历史课程也是他们的教学内容之一。

（3）组合型课程

“组合型课程”采用的是中西方结合的课程。这类国际学校虽然也基本采用国际化教学模式，但是在课程设置上稍偏重于中国语言和历史文化的教学，主要目标是让留学生毕业后能进入欧美大学或中国内地大学学习。

3. 教学方式

（1）本国式教学方式

本国式教学方式主要存在于外籍人士开办的国际学校中。此类国际学校有两种教学方式：一种是美式教育，采用英语授课，学生上课实行“走班制”；另一种是欧式教育和东方式教育，采用本国语言授课。

（2）组合型教学方式

组合型教学方式主要存在与当地学校开设的国际部。此类国际学校采用的是按年级或“走班制”的教学形式，教师用英语、中文或双语授课。

（3）中国式教学方式

此类学校是中国本地学校，他们是完全按照中国教育部的教学大纲的要求对学生进行教学的，来此类学校学习的外国小留学生必须接受全中国式的教育。因此，这种教学方式特别适用于那些华裔留学生或有着相当汉语基础的留学生。

6.3.2 对外开放的学校

对外开放的学校，是经省级教育批准后可以直接接收外籍学生的中小学，在各地均有此类学校，这类学校除安排必要的汉语补习外，一般不为外籍学生单独排班，一应教育服务均与中国学生在一起。

6.3.3 使馆学校

使馆学校主要招收外国驻华使领馆官员的子女和其他驻华人员的子女。

6.4 医疗

6.4.1 医院的选择

中国依据医院功能、设施、技术力量等对医院资质评定指标，将医院确定为三级（其中三级医院医疗水准最高），每级再划分为甲、乙、丙三等，其中三级医院增设特等。一级医院主要为社区提供预防、医疗、保健、康复服务；二级医院是地区性医院，提供综合医疗卫生服务；三级医院主要提供高水准专科性医疗卫生服务。中国的高等级医院数目众多，足以接纳日常病人。

大多数的医院都是政府出资开办的，属于非营利性的服务机构。也有少部分的医院和卫生所是由集体和个人举办的。除此之外，一些外国医疗机构也在中国设立了分支机构，主要为外籍人士提供医疗服务。

外籍人士可以到任何医疗机构就医，费用标准与中国居民相同。一般来说，水准较高的医院，收费也较昂贵。

6.4.2 紧急医疗救援

几乎所有医院都有急诊室，为有紧急需求的病人实施紧急援救。当外籍人士需要紧急救护时，医院可以预先垫付医疗费用，提供急诊、抢救、护送出国等涉外医疗服务。

在中国各个城市都设有“120”紧急医疗救援专线。当遇到紧急状况时，可以打电话“120”请求紧急救援。部分城市也有“999”医疗救援电话，也可以拨打。

6.5 旅游

6.5.1 中国旅游资源

中国具有广袤的国土疆域，陆地疆域南北纵跨5500公里，东西横贯5200公里，跨5个时区，具有多样的自然地带。中国的景观旅游资源相当丰富。这些风景名胜区从不同的角度可以有不同的划分，以其主要景观的不同，大体上可分为如下八种类型：1. 湖泊风景区（白洋淀、杭州西湖、武汉东湖、新疆天山天池、青海湖、丹江口水库等）；2. 山岳风景区（燕山、泰山、衡山、华山、阿里山等）；3. 森林风景区（西双版纳、湖南张家界、河南宝天曼、四川卧龙、湖北神农架等）；4. 山水风景区（桂林漓江、长江三峡、武夷九曲溪等）；5. 海滨风景区（海南天涯海角、厦门、大连等）；6. 休闲疗养避暑胜地（河北北戴河、江西庐山等）；7. 宗教寺庙名胜区（九华山、敦煌莫高窟、洛阳龙门、嵩山、武当山等）；8. 革命纪念地（延安、涉县、西柏坡、遵义等）。

6.5.2 旅游景点的对外开放情况

中国绝大多数市县对外国人开放，对外国人开放的市县，外籍人士持有效护照和中国的签证或居留证件，可自由前往，不必办理旅行许可。外籍人士前往不对外国人开放的市县旅行，须市县向所在地市、县公安局申请旅行证。外籍人士未经允许，不得进入不对外开放的场所。

港澳台人士在大陆内地享有与内地居民同等待遇，可自由去各地参观旅游。

6.5.3 旅游配套服务

旅行社：中国的旅行社有两类：国际旅行社和国内旅行社。国际旅行社有接待外国旅游者的资格，可以为外国旅游者安排交通、游览、住宿、饮食、购物、娱乐以及提供导游等相关服务，并且为旅游者代办入境、出境及签证手续。国内旅行社一般只承揽国内旅游者，但是长期在国内居住的外籍人士，也可以选择国内旅行社提供服务。

车辆租赁：大多数的旅行社、酒店以及汽车租赁公司等，都可以为外籍人士提供租车或包车服务。如外籍人士打算自己驾车旅游，在办理租车手续时，须携带护照及国际驾驶证手续。外籍人士也可以选择配司机的车辆租赁服务，旅游会更方便。

机票、订房：旅行社一般都为零散旅游者提供旅游咨询、代订机票、代订客房等多重服务。大多数酒店都提供代订机票、预定客房等服务。

6.6 休闲

6.6.1 娱乐健身

在中国，大中城市娱乐消费设施日渐完善，大多都设有高尔夫球俱乐部、健身俱乐部、保龄球馆、游泳馆等健身场所。

绝大多数城市都设有洗浴中心、针灸推拿中心、桑拿理疗中心、盲人按摩等机构，可以为外籍人士提供保健服务。

在城市中，酒吧、KTV、娱乐会所等场所丰富，可以为外籍人士提供丰富的夜生活。

在城市近郊，建有大型游乐场、度假村、民族文化村、野生动物园、植物园及垂钓区等，供节假日游玩。

6.6.2 文化艺术

在大中城市，均开设有音乐厅、歌舞剧院等文化场所，经常有世界各地的知名乐团、舞团来访，展演音乐会、歌舞剧、芭蕾舞、话剧、杂技等表演。

中国各地方都有戏曲，以京剧最为流行，被称为中国的“国粹”。演出一般安排在剧场或者剧院中进行。

在城市的各个城区都有电影院、剧院，看电影非常方便，世界各地的电影都有展映，所展映外国电影均为外国原声匹配中国字幕，外籍人士观看也非常舒服。

在大城市均设有博物馆、艺术中心等，经常举办大型文物、摄影、书画、手工艺品展出。

6.6.3 休闲购物

中国地大物博、物产丰富，各地区土特产更是不胜枚举，其中丝绸、刺绣、陶瓷、茶叶、古玩等在国际上享有盛名。这些特色商品形成了专卖市场，如北京的秀水街、南京的夫子庙、上海的豫园、天津的古文化街、广州的清平市场等。外籍人士可以尽情购买所有的这些商品。

除在实体店购买商品外，目前中国的电子商务发展迅速，淘宝、京东、唯品会等购物网站均可以购买到货真价实的产品，快递直接送到家门口，可以做到足不出户购买各种商品。

第七章

各地区招商引资情况介绍

改革开放以来，我国吸引外商直接投资取得了长足进步. 不过由于我国中西部地区与东部地区的政策性因素、市场规模、基础设施、劳动力素质、关联产业发展水平和软环境建设等方面存在着巨大的差距，使得中国吸收外商直接投资的地区分布呈现出明显的不均衡特征。2014 年我国实际使用外资金额 7363.7 亿元人民币（折合 1195.6 亿美元），同比增长 1.7%（未含银行、证券、保险领域数据），外商投资新设立企业 23778 家，同比增长 4.4%。实际使用外资额高于美国、欧盟、俄罗斯、巴西等主要经济体，连续 23 年保持发展中国家首位。 与此同时，美国在 2014 年的外商直接投资总量仅为 860 亿美元，下跌近 2/3，落后香港排名第三。此前，美国一直是全球吸引外资第一大国。2014 年中国吸收外资增长主要体现在服务业领域，目前已占到总量的 56%，达 662.3 亿美元，成为吸收外资新增长点，制造业领域的投资则下降到 36%。资金密集度进一步提升。2014 年新设企业平均合同外资金额 812 万美元，比 2013 年（713 万美元）提高 13.9%。这些投资项目、合同外资金额和实际使用外资金额的绝大部分集中在东部地区，中部和西部地区所占份额较少。从增速来看，我国中部地区实际使用外资增长较快，东、西部地区实际使用外资规模稳定。2014 年 1-12 月，我国东部沿海的北京、天津、河北、辽宁、上海、江苏、浙江、福建、山东、广东、广西和海南等沿海省（区、市）实际使用外资金额达到 6014 亿元人民币（折合 979.2 亿美元），同比增长 1.1%；中部山西、内蒙古、吉林、黑龙江、安徽、江西、河南、湖北和湖南等 9 个省区实际使用外资 666.9 亿元人民币（折合 108.6 亿美元），同比增长 7.5%；其余西部 10 个省（区、市），包括重庆、四川、贵州、云南、西藏、陕西、甘肃、青海、宁夏和新疆实际使用外资 661.6 亿元人民币（折合 107.8 亿美元），同比增长 1.6%。

我国幅员辽阔，地区间自然条件迥异，决定了不同地区发展存在“先天性”差异。东部以平原为主，气候宜人，土壤肥沃，交通便利，占据先天发展优势，东部沿海城市和港澳台距离较近，和东南亚国家交往频繁，能够较快接受外界信息及分享经济发展成果，接近港口和对外联系的便捷运输条件。我国在吸引利用外商直接投资的初期，主要是发展外向型的直接投资，在这种政策的指引下，投资者的理性选择是在有利于对外经济贸易的地区进行投资。中部、西部及东北地区交通相对闭塞，交通运输条件与东部地区存在巨大差距。如西部多为山地丘陵和戈壁沙漠，与外界的信息交流及贸易往来受到限制，经济社会发展不利因素多，外商直接投资在注重一般性规律的前提下，导致了我国在地区分布上吸引外资的差异状况。

尽管西部地区资源配置效率相对较低，但是其丰富的矿藏和能源优势也具有吸引力，随着国内外引资环境的变化，我国利用外商直接投资的地区分布还会有进一步变化的趋势。应通过完善外商直接投资政策、大力扶持民族产业、提高中西部地区引资力度、扩大引资来源等途径措施，合理解决我国外商直接投资中存在的问题，以推动国民经济的健康发展。

下面将分别介绍一下我国东部、中部和西部地区的招商引资情况。

7.1 东部地区

7.1.1 东部地区招商引资概况

改革开放初期我国实施重点开放沿海地区，逐步向内地开放的经济发展战略。强调效率、市场机制和相对优势的对外开放，20 世纪 80 年代初继 4 个经济特区正式批准后，又开放沿海港口城市和沿海经济开放区，这种沿海倾斜型对外开放政策对特区和沿海其他地区开展对外贸易、吸引外资发挥了重要作用。

从相关国家、地区对华投资情况看，表现出很强的地域密集型，东部沿海地区具有相当完善的基础设施、客户群的形成、众多配件供应商的集聚、良好的人文环境等特点，强烈地吸引了境外投资者。以德资为例，50%的德资企业集中在长三角，几乎所有在华大型德资企业都在上海设有代表处，尤其是德资服务性企业都把上海作为进军中国的首站。

7.1.2 东部地区招商引资中政府的职能定位

（1）注重招商引资中的政府服务，为投资商提供完善的服务环境

东部地区已经改变了直接招商引资的做法，从直接招商引资中退出，把工作重点放在了招商引资中的投资服务建设上。例如，浙江省长兴县就把良好的管理与服务放在招商引资工作中的重要位置上，使招商引资取得了显著的成绩。长兴县政府以“有限政府、无限服务”的理念，推行“阳光行政”“保姆式”服务，强化“一个窗口”服务中心的功能，更好地服务招商引资，提高办事效率，在项目审批时为投资商提供全过程代理、项目建设中的全方位服务、企业运行时的经常性服务和投资商生活的全天候服务。在审批办证服务中心，以“小中心、大服务”为宗旨，为提高中心办事及服务效率，给外来投资企业颁发了《绿色证书》，为他们办理各类服务事项开通绿色通道。

（2）积极调整产业结构，发展产业链，以产业发展带动招商

东部地区各省市都在产业建设上下功夫，积极调整产业结构，突出地区优势，建立以资源优势为基础的产业链经济，加大高新技术与高科技产业的吸引力度。例如，江苏省以产业结构为先导，以产业链为基础，加强规划引导，开发区实行差别化招商。江苏省结合本省的产业结构和产业布局调整的实际情况，把引资重点放在国外高科技企业上。加快发展高新技术产业开发园区建设，做到合理规划，突出特色，逐步形成国家级高新技术开发区，以参与国际竞争为目标的产业分工格局，省级高新园区完成以提升地方产业结构为目标的产业部署。江苏省各城市都鼓励各开发区根据“工业集中、产业集聚、园区集约”的原则和产业布局特点，以优势产业为基础，明确各自产业定位，形成各自的核心竞争力，发展龙头项目与基地项目，避免产业雷同和恶性竞争。如南京市制定了汽车、电子信息、化工、医药等五大产业沿江发展战略，每个产业都以重大项目为目标，每个开发区重点发展一两类产业，集中力量攻关基地型、龙头型项目。山东省也在扩大引资规模的基础上，注重把引资与促进结构调整、产

业升级、提高技术水平和研发能力结合起来。按照国家新公布的《外商投资产业指导目录》要求，引导外资重点投向“五大产业群”和“七大产业链”中的汽车整车和发动机制造研发、载重车零部件、集装箱船、计算机及配套部件、通讯器材、数字化家电产品、生物医药等，并向引进高新技术项目和大型基础性、装备性项目转变，高标准、高起点引进旗舰型、基地型、高集聚度的项目，带动产业升级。同时大力吸引外商投资电子信息、生物技术、新材料三大新兴产业，发展高端型、终端型和环保型产品。重视引进先进信息技术改造传统工业，合资合作开发高性能计算机与外部设备、新型电子元件、电子材料。

（3）注重政府信用建设与法制建设，积极落实招商引资中的各项政策

东部发达地区在注重招商引资方式与产业建设的同时，也注重政府自身政务建设，特别是政府信用建设。例如，江苏省最成功的招商术是“以外引外”，靠外商口碑相传，良好的口碑就来源于江苏各地政府特别注意自己的信誉，并在相关政策的制定与执行中说到做到，重信守诺。江苏省在建立社会经济信用方面相当努力。政府信用是社会经济信用的核心。如果一个地方的政府政策多变、政出多门，政府领导人随意决策和允诺，政策不落实，政府工作人员因人行政等，那么这个地区的企业和个人显然难以形成较好的信用意识。据调查，江苏省政府部门在引进外资过程中，很少发生轻易承诺各种难以兑现的优惠条件的事件，尤其是他们对政府的各种规定和文件严格执行，同时政府的行政程序也较透明。东部地区在注重信用建设的同时，也注重法制建设。江苏省苏州、浙江省宁波等城市由于社会环境、法制环境、经济环境与经营环境都好于其他地区备受台商青睐，是台商们公认的执法相对最认真、最守法的区域。

7.2 中部地区

7.2.1 中部地区招商引资形势

中部六省（包括河南省、山西省、湖北省、安徽省、湖南省、江西省）在新一轮产业转移中，成为沿海和境外资金抢滩的前沿，为了争取产业落地，各省也展开了激烈竞争，纷纷制订规划、出台政策，加强对外开放、招商引资的力度。

以河南为例，2002 年以来，该省确定了“优化环境、外引内联、四面辐射、梯次发展”的对外开放带动战略，努力发挥区位、交通、劳动力和资源优势，逐步改善招商基础设施和硬件环境。招商引资的主要特色是形成了“省外即外”的开放意识，在创新招商方式上也狠下了功夫，采取委托招商、中介招商、网上招商、联谊招商、会展招商、顾问招商和小分队招商等多种形式，建立了与国际接轨的招商机制。从利用外资总体情况看，河南省在中部六省中居于中游水平，利用对外借款状况较好，外来的贷款金额有力地支持了河南省一批重点项目的建设，而外商直接投资的实际利用金额与合同金额相差还比较大。目前投入到中部的外来资金大部分来自沿海的民间资本，以及外商在沿海企业的内移。在新一轮的产业转移中，来自外国公司特别是世界 500 强的投资明显增多。截至 2006 年底，世界 500 强中已经有 72 家到湖北投资，其中由日产汽车株式会社与东风汽车公司合资的东风日产雷诺汽车公司，总投资 30 亿美元，是湖北省历年来投资额最大的项目。目前在湖南省直接投资的世界 500 强企业已达 40 家，在河南投资的有 35 家，在江西投资有 24 家，在安徽投资的有 35 家，山西有 10 家。

2006 年湖南省实际使用外资 25.93 亿美元，引进内资 885 亿元；湖北省直接利用外资 24.49 亿美元；安徽实际利用外资 24.9 亿美元，增长 47%，引进省外资金 1265.5 亿元；河南实际利用外资 18.5 亿美元，增长 50.1%，引进省外资金超过 1000 亿元；山西实际利用外资 13.5 亿美元，增长 2.36 倍。江西省近年招商引资的业绩让人刮目相看：2002 年来实际引进外资连上 10 亿、15 亿、20 亿美元台阶，2006 年直接利用外资 28.07 亿美元，增长 15.9%，总量继续保持中部六省首位。江西承接产业转移的优势除了固有区位、资源和劳动力成本外，其开放的思想和环境的优化是吸引投资者的主要因素，该省连续 4 年开展了不同主题的解放思想大讨论，削减 70% 以上不适合世界贸易组织规则的文件规章，开通 24 小时外商投诉热线，海关 24 小时业务值班等软硬件环境建设，赢得了投资商的信赖。

7.2.2 中部地区招商引资的特点

（1）招商竞争日益加剧，优惠政策优势趋于弱化

随着经济全球化的推进，跨国投资的选择面越来越宽，地区之间的竞争日

趋激烈，由于印度、越南、巴西等国招商引资优惠政策相继完善，中部各省的招商引资正面临严峻考验。尽管改革开放之初我国给予沿海开放地区和内陆一些开发区以一定的特殊政策，比如财政返还、企业所得税减免等优惠政策，但是在为支持中部崛起出台的一系列政策中并没有再明确提出针对外资的财政、税收等优惠政策。中部各省目前纷纷利用特殊经济区域（如经济技术开发区等），采取各种措施降低投资的综合成本，吸引外国投资的进入。随着我国加入世贸组织，逐步兑现加入WTO的承诺，内外资政策要求平等，对外资的优惠逐渐取消；在国家对土地控制也更加严格的形势下，中部地区现行的地方优惠政策能否保持下去存在变数。优惠政策在招商引资中的作用将越来越小，而投资环境、管理效率、产业优势的作用会越来越突出。

（2）招商引资受国家监管和指导日益加强

自2003年国家开始清理整顿各类开发区以来，从总量上看，各省的省级开发区都有锐减，比如河南省的开发区数量由72个削减到27个。2007年初温家宝总理在政府工作报告中要求死守18亿亩红线，尽管目前土地审批权下放各省，实际却是明确了各省的责任，加强了对土地使用的监管。另外，2006年9月商务部等国家六部委联合发布了《关于外国投资者并购境内企业的规定》并于9月8日开始实施。《规定》明确界定了外国投资者以股权作为支付手段并购境内公司的行为、以股权并购的条件，并规定了申报文件与程序；加强了对重点行业、中国驰名商标、中华老字号外资并购的审查；为了防止“假外资”回国投资，享受外商投资企业的优惠和待遇，加强了对境内企业通过海外注册公司反向并购国内企业的监管；还首次强调外国投资者并购境内企业必须符合中国的产业、土地和环保等政策，外国投资者并购境内企业所涉及的各方当事人应当按照中国税法规定纳税，接受税务机关的监督等等。这些政策规定实际上是对中部各省提高利用外资的质量和效益等提出了更高的要求。

（3）外商投资表现出新动向

中部地区实际利用外商投资增幅提高，外商投资规模加大，外资企业表现出较强的增资愿望。外商投资项目呈现全方位，一些大的跨国公司开始由单一项目投资向全方位投资转变，包括一体化投资、战略投资，开始建设研发中心、营运中心、采购中心，建立生产制造中心的速度明显加快，并积极实施品牌和人才战略。投资方式也出现多样化，由初始的绿地投资转向并购投资，由单一投资转向产业链投资，由合资为主转向以独资为主。

（4）开发区招商引资居突出地位

各省主要的经济技术开发区在利用内外资的总量上处于本省前列，利用内外资的质量也越来越好。目前国内外500强在中部地区的投资大部分集中在各省市的开发区内，一大批研发中心在开发区建立起来，企业核心技术得以转移和发展，对于开发区支柱产业的形成以及各省产业结构的调整和提升，发挥了积极的作用。比如发展比较快的武汉东湖高新区，从2000年“光谷”概念的提出，到如今形成一个庞大的激光产业群，短短7年间“中国光谷”迅速崛起，领跑我国激光产业，成为我国在光电子信息产业领域参与全球竞争的标志性品牌。目前“光谷”已集聚企业8000余家，其中高新技术企业超过1800家，产值过亿元的企业75家，超过10亿元的企业8家，超过30亿元的企业2家。“光谷”发展的主要经验在于，一是打造了良好的投融资环境，二是具有鲜明的产业特色，三是拥有技术创新的强劲推动。

（5）国内民间投资增长迅速

近年来，随着宏观经济形势的好转和全社会对民间投资的重视，民营经济已经成为新一轮中国经济增长的主要推动力量。国内民间投资出现前所未有的增长势头，投资规模逐步增大，许多知名民营企业希望进入中部地区的开发区投资，一些开发区也在逐渐建立民营工业园区，民营企业开始成为新一轮招商引资的重点对象。

7.3 西部地区

7.3.1 西部地区及其招商引资情况概述

我国西部区域包括重庆、四川、贵州、云南、广西、陕西、甘肃、青海、宁夏、西藏、新疆、内蒙古等12个省区市。其土地面积538万平方公里，占全国国土面积的56%；目前有人口约2.87亿，占全国人口的22.99%。西部地区疆域辽阔，人口稀少，是我国经济欠发达、需要加强开发的地区。全国尚未实现温饱的贫困人口大部分分布于该地区，它也是我国少数民族聚集的地区。由于我国西部区域大多省区深居内陆，东西、南北跨越比较大，自然条件纷繁复杂。而且我国西部区域基本上处在我国的第一、第二阶梯上，地形复杂、气候差异很大。这种“三原四盆”的地势特征，即青藏高原、黄土高原、内蒙古高原以及柴达木、塔里木、准噶尔、四川盆地，形成了青藏高原区、西北干旱区和季风气候区。这无疑对西部区域的发展带来了挑战。我国西部区域又是生态极为脆弱的地区，生态环境的脆弱极易形成经济发展与环境保护的矛盾。由于西部区域疆域辽阔，陆地边境线长达 1.8 万余公里，与东南亚隔海相望有大陆海岸线 1595 公里，吸引外商直接投资自然成为西部区域经济发展的突破口。然而我国西部区域吸引外商直接投资的能力比较弱，占全国的份额还比较小。

新中国成立后国家实施支持内陆地区的“三线”建设，促进了西部区域经济的发展，这种增长主要以内部拉动为主。改革开放后，国家大力扶持沿海地区发展，西部区域劳动力、企业大量转移到沿海地区。由于东部沿海地区拥有区位优势，内资和外商共同促进了东部经济的发展，使得东西部的经济差异迅速拉大。1999 年西部大开发战略的提出，极大促进了西部区域经济的发展，遏制了我国经济差异不断拉大的态势，并朝着均衡协调的方向发展，2007 年西部地区经济发展速度首次超过东部地区。但是，在吸引外资的同时，西部区域也存在外商直接投资区域配置不均衡以及经济发展不协调的问题。在“一带一路”经济带建设的国家战略新机遇下，西部区域各地应在深入推进西部大开发战略的基础上，充分挖掘陆上丝绸之路和海上丝绸之路的潜力，吸收本地劳动力发展经济的同时，大力引进外资，发展边境贸易，促进西部区域经济全方位发展。

7.3.2 西部地区招商引资的优势条件

（1）丰富的自然资源

从总体上看，西部地区是我国自然资源的富集区，特别是能源、矿产等资源在全国占有显著的优势。据统计资料表明，西部九省区在“自然资源综合优势度”“自然资源人均拥有量优势度”和“自然资源总丰度”3 个指标中均居全国前 12 位，仅西北地区矿产资源的价值就达 33.7 万亿元，开发潜力巨大。西部地区不仅资源丰度高，而且各种资源的组合匹配条件好，除西北部分地区缺水外，一般水资源、能源和矿产资源在空间上都能达到理想结合，具有建成中国能源、原材料工业基地的优越条件。从目前情况看，西部资源的开发程度较低，蕴藏着巨大的开发潜力。随着中国东部、中部地区一些主要资源接近枯竭或采掘程度加剧，以及产业结构的升级，西部地区在农业、水电、石油、化工、有色冶金、建材及一部分轻纺工业中所具有的资源优势，将在国民经济长期发展中得到充分显示，也将对招商引资产生巨大的推动作用。该地区还具有得天独厚的旅游资源，秦兵马俑、莫高窟、九寨沟等均位于西部地区。

（2）优惠的投资政策

为了支持西部大开发，鼓励外商向我国西部地区的投资，国家已经给西部地区利用外来资金提供了一系列的优惠政策。西部大开发优惠政策涵盖市场准入政策、国民待遇政策、税收政策、土地政策、人才政策和投资服务政策等。例如，在企业所得税方面，规定对符合《外商投资产业指导目录》中鼓励类和《中西部地区外商投资优势产业目录》的外商投资企业，以及符合《当前国家重点鼓励发展的产业、产品和技术目录》的内资企业，在2001年至2010年期间，按15%的税率征收企业所得税；在土地优惠政策方面，在建设投资和绿化工作到位的条件下，可以出让方式取得国有土地使用权，减免出让金，实行土地使用权50年不变，期满后可申请续期，可以继承和有偿转让。

（3）较低的生产成本

区位理论认为投资者特别是外商会选择最低成本的区位进行投资生产。这种成本包括交易成本和生产成本，如劳动力成本、运输成本和市场潜力、管理等生产系统方面的成本。西部地区与东部地区相比具有较低的生产成本，如较低的劳动力成本、生产资料成本等，这些都是西部地区招商引资的优势。

7.3.3 西部地区招商引资的劣势条件

（1）地理区位条件不利

地理区位条件在一定条件下可能成为社会经济发展的决定因素之一。东部地区经济的发展在一定程度上与地处沿海地区有关。出于投资安全性需要，外商投资往往考虑近域性。据资料显示，中国内陆所接受的直接投资主要来自于地域上与之近邻的周边国家和地区，1998年我国港、澳、台和日本、新加坡、韩国、泰国、马来西亚等周边国家和地区来华直接投资额占总投资额的 80.7%。西部地区地处内陆，由于缺乏东部地区所具有临近我国港、澳、台及日本等经济发达地区和国家的地段优势，而处于不利地位。再者由于运输、通讯等基础设施较不发达，使得一些投资商出于成本考虑不愿将资金投入到西部地区。

（2）思想观念落后

观念落后是西部吸收资金最大的制约因素之一。主要表现为以下几个方面：（a）落后的市场观念。由于地域封闭，思想观念陈旧，受计划经济的影响较深，政府仍保持着直接干预企业经营活动的做法，使得企业的经济活动不能以市场为导向，缺乏现代企业应具备的观念和意识，缺乏优胜劣汰的竞争机制，这些落后的观念直接影响着招商引资的效果。（b）落后的引资观念。在招商引资过程中，许多官员怕丢权、怕吃亏，在合资比例上斤斤计较，总想自己控股，担心自己大权旁落，丧失既得利益，在与外资合作时更是担心与外资重组会造成国有资产流失和企业利润外流。（c）缺乏长效的引资战略。许多西部地区没有认识到招商引资的综合效应，只看到招商引资的数量上的增加，但忽视招商引资的质量，在招商引资的同时破坏了地区的环境。一些地区把招商引资视为短期行为，而忽视了对投资者的长期服务与管理，影响了招商引资的成效。

（3）基础设施条件不佳

决定投资者投资地区的一个主要因素是产品成本，它由进入市场的运输成本和生产成本决定。虽然西部地区劳动力成本较低，但由于基础设施的贫乏和落后，使交通运输成本较高，造成产品成本实际高于沿海地区，从而影响了资本的投入。再者，西部地区多为山地、丘陵和戈壁沙滩，非耕地资源占土地总面积的 96%。复杂的地貌地形，使得这里交通不便，再加上设备陈旧、开发程度和效率低下使开发成本过高，限制了多种要素资本的流入，也使得资源的潜在优势无法转化为实际优势。

第八章

企业政府关系

8.1 维护好政府关系对企业运营的重要性

在现代经济社会中，企业的发展不仅取决于企业自身因素，而且取决于影响企业的各种外部因素，政府正是对企业影响最大的外部因素之一，建立良好的企业政府关系对企业的发展有着十分深远的影响。如果外企在一国谋求长期的发展，连所在省、地、县政府都不了解，国家出台的政策也不了解，就仅仅在闷头做企业，很可能就错了，而且都不知道错在哪里。企业与政府之间是相互作用的，企业不仅仅是被动地适应政府的行为，企业还可以通过自己的战略来影响政府的行为，政府也会根据预期的企业行为来制定下一步的方针与政策，政府与企业在一个动态的相互作用的系统中，企业不能独立于它所在的环境而存在，也无法主宰这一环境；不但如此，企业也是环境的主导力量，这种力量可以影响政府的行为。同时，政府是企业的利益相关者，政府的行为深刻影响企业的长远发展。政府作为企业的一个利益相关体，政府和企业的关系不仅仅是利益相关者，而且是监管者和被监管者的关系，政府和企业的关系更为微妙和复杂，企业更需要通过有效的方法协调平衡企业与政府之间的关系，从而为企业未来的发展打下坚实的基础。下面介绍惠普公司政府关系成功案例，以此更加具体地说明在中国建立企业政府关系的意义。

众所周知，惠普公司是全球知名的企业，同时，中国惠普有限公司也是改革开放以来第一家中美合资的高科技企业。虽然惠普公司在20世纪90年代后期已经取得了一定的成功，但是面对中国中小企业的多样性、分散性和层次性，满足中国众多中小企业信息化的要求成了一项棘手的问题，这个时候，惠普公司迫切地需要中国政府相关部门出面牵头促进中国中小企业信息化的宏伟事业。特别是在开始的阶段，政府的支持对于信息化项目的实施来说无疑是雪中送炭。在经过与政府部门的多次沟通与协调之后，惠普公司在国家经贸委培训司和中小企业司的领导下，群策群力，共同推出了“21 世纪中小企业信息化建设培训示范项目”，同时，委托爱德曼国际公关公司为项目提供整体的策划、协调与实施。经过半年的努力，整个项目有了很大的进展，不但初步建立了典型行业中小企业信息化建设的样板，而且在国家经贸委培训司和中小企业司下属的培训中心一起，组织培训了各种各样实现中小企业信息化的方法、途径、方案和实例。同时，为了配合项目的有效实施，还选择了平面媒体、电视媒体和网络媒体作为配套公关措施。自此以后，全社会对实现信息化产生了广泛的重视。该项目取得了圆满的成功，从社会各个方面对项目的评价和反馈是积极而热烈的，在 6 个月的时间里，与项目有关的报道达到 150 多篇，其中多数为来自覆盖全国的深度报道。中央电视台经济类权威栏目《经济半小时》在“总结表彰会”后第二天的黄金时间播出了长达 30 分钟的专题报道，引起强烈反响，预计收看报道的全国观众达到 4000 万次。从此，惠普公司的信息化品牌在中国社会深入人心，这次中外合资企业在中国项目的成功、品牌宣传的成功与中国政府部门的支持是分不开的。

另一个企业政府关系的成功案例是香港迪斯尼。2005 年 9 月 12 日，香港迪斯尼乐园正式对外开放，国家副主席曾庆红、香港特首曾荫权参加了开幕典礼，在中国所有的开幕典礼上，游乐园的开幕典礼从未达到这样如此高的规模，这和迪斯尼集团出色的政府关系能力是分不开的。从企业的设立、发展、产品上市、并购、危机处理等等各个方面，如果企业能够有效借助政府的力量，无疑可以起到事半功倍的作用。对于本身具有丰富市场运营经验的跨国企业来说，有效的政府关系和企业的管理都非常重要，企业的管理可以保证企业发展沿着正确的道路前进，而有效的政府关系则可以加速企业在正确道路上发展得更快，所以，几乎每家跨国企业进入中国后都会将构建良好的政府关系提升到战略层面。

目前，中国正在发展中转型，由于转型期间的各项制度还不够健全，增加了企业经营的制度风险，此时，需要企业与政府部门之间保持良好顺畅的沟通，有效地将各种政策上的不确定性降低到最低，争取对企业有利的政策，从而保证企业能够持续稳定的发展。2012 年 10 月 29 日，世界著名电子企业飞利浦携带领先的 LED“绿色照明”进入海南，海南省政府与飞利浦（中国）投资有限公司在海口签署战略合作框架协议，共同推进电子产品研发生产以及节能减排、绿色照明建设。这是企业政府关系的优秀范例，如果能够得到政府的支持，在和政府积极合作的前提下开展各项工作，把和政府的关系提升到战略层面，那么，企业的各项经营活动能够事半功倍。不仅如此，政府的各项经营活动也直接或者间接地影响企业的行为，比如：政府规章、税收、政府采购等。制药企业要接受药监局的管理，人事工作要符合劳动人事部门相关规定，政府几乎在企业的生产、销售、研发等各个方面都会影响到企业的决策。因此，企业也需要与政府的相关部门顺畅地沟通，才能保证企业经营的各项活动符合相关政策。

下面第二节的内容就哪些政府部门对哪些相关行业影响最大作简要的介绍。

8.2 哪些政府部门关系对哪些相关行业的影响最大

8.2.1 从外商企业的审批角度来看

根据国家现行法律规定，外商投资企业的设立实行政府逐项审批登记制度。投资总额大小和《外商投资产业指导目录》的项目分类是划分中央政府和地方政府审批外商投资企业权限的主要依据。国家发展与改革委、商务部负责审批投资总额在 3000 万美元（含 3000 万美元）以上的生产性外商投资项目和需由国务院主管部门审批的其他项目。省、自治区、直辖市及计划单列市人民政府的相应主管部门负责审批：投资总额在 3000 万美元以下的非限制类外商投资项目；投资总额在 3000 万美元以下的限制类外商投资项目，并报国务院主管部门和行业主管部门备案；涉及配额、许可证的外商投资项目，须先向商务部门申请配额、许可证；投资总额在 3000 万美元以上，属鼓励类且无须国家综合平衡的项目，并报国务院主管部门备案。因此，从企业审批的角度来看，对所有外资企业影响最大的部委有：中华人民共和国家发展和改革委员会，网址为 http://

www.ndrc.gov.cn/；中华人民共和国商务部，网址为 http://www.mofcom.gov.cn/。

8.2.2 从外资企业开办流程的角度看

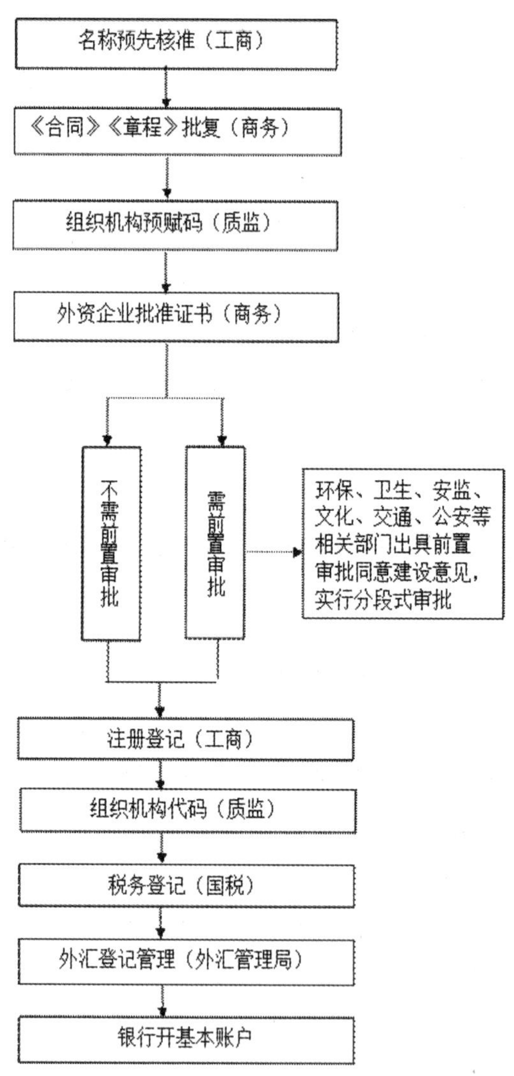

上图涉及的政府相关部门分别为：

中华人民共和国商务部，网址为 http://www.mofcom.gov.cn/；

中华人民共和国公安部，网址为 http://www.mps.gov.cn/n16/index.html；

中华人民共和国环境保护部，网址为 http://www.mep.gov.cn/;

中华人民共和国卫生和计划生育委员会等，网址为 www.nhfpc.gov.cn;

中华人民共和国文化部，网址为 http://www.mcprc.gov.cn/;

中华人民共和国交通运输部，网址为 http://www.moc.gov.cn/;

中华人民共和国国家工商行政管理总局，网址为 http://www.saic.gov.cn/;

国家税务总局，网址为 http://www.chinatax.gov.cn/;

国家质量监督检验检疫总局，网址为 http://www.aqsiq.gov.cn/;

国家安全生产监督管理总局，网址为 http://www.chinasafety.gov.cn/newpage/;

国家外汇管理局，网址为 http://www.safe.gov.cn/。

8.2.3 从各个行业主管部门角度看

根据 2015 年中华人民共和国商务部修订的外商投资产业指导目录，简要阐述各个投资产业的主管政府部门。

（1）农、林、牧、渔业

主管部门为中华人民共和国农业部等，农业部网址为：http://www.moa.gov.cn/。

（2）采矿业

主管部门为中华人民共和国国土资源部等，国土资源部网址为：http://www.mlr.gov.cn/。

（3）制造业

主管部门为中华人民共和国工业和信息化产业部等，工业和信息化产业部网址为 http://www.miit.gov.cn/n11293472/index.html。

（4）电力、热力、燃气及水生产和供应业

主管部门为中华人民共和国国家发展和改革委员会和中华人民共和国水利部等，发改委网址为 http://www.ndrc.gov.cn/；水利部网址为：http://www.mwr.gov.cn/。

（5）交通运输、仓储和邮政业

主管部门为中华人民共和国国家发展和改革委员会、中华人民共和国交通运输部和国家邮政局等，发改委网址为 http://www.ndrc.gov.cn/；交通运输部网址为 http://www.moc.gov.cn/；国家邮政局网址为 http://www.spb.gov.cn/。

（6）批发和零售业

主管部门为中华人民共和国商务部和中华人民共和国工业和信息化产业部等，商务部网址为 http://www.mofcom.gov.cn/；工业和信息化产业部网址为 http://www.miit.gov.cn/n11293472/index.html。

（7）租赁和商务服务业

主管部门为中华人民共和国财政部和中国人民银行等，网址为：财政部 http://www.mof.gov.cn/index.htm；中国人民银行 http://www.pbc.gov.cn/。

（8）科学研究和技术服务业

主管部门为中华人民共和国科学技术部等，网址为：http://www.most.gov.cn/。

（9）水利、环境和公共设施管理业

主管部门为中华人民共和国水利部等，网址为：http://www.mwr.gov.cn/。

（10）教育

主管部门为中华人民共和国教育部等，网址为：http://www.moe.gov.cn/。

（11）卫生和社会工作

主管部门为中华人民共和国卫生和计划生育委员会等，网址为：www.nhfpc.gov.cn。

（12）文化、体育和娱乐业

主管部门为中华人民共和国文化部等，网址为：http://www.mcprc.gov.cn/。

最后，在以上 12 大类投资产业目录中，由于中国存在限制外商投资的产业部分项目，具体见限制外商产业目录，外商企业涉及限制类项目均要通过中华人民共和国家发展和改革委员会的审批，发改委网址：http://www.ndrc.gov.cn/。

8.3 如何维护企业政府关系

在探讨如何维护企业政府关系之前，首先要明确维护企业政府关系的四项基本原则。

首先，企业要服从政府的统一管理和领导。一个企业无论其规模性质如何，如果不遵守政府的管理和领导，就无法运行。可以说，政府统一的管理和领导是一个企业赖以生存的根本。如果没有政府的管理与领导，在一个没有任何规则的国家，任何一个企业都不会得到长远稳定发展，更不会有经营利润。因为没有规则，任何人任何事情都有可能让企业长期以来的努力付诸东流，所以，企业的经营是建立在政府提供稳定环境的基础上的，没有政府的管理与领导，就没有企业的长治久安。同时，即使是政府的某项法律、法令或者条例使得企业蒙受了经济损失，企业也得坚定地执行，因为这项法律并不是针对受损失的一个企业的，法律是面向整个行业面向社会的，在这种情况下，企业也要支持政府的做法。最后，如果在反腐倡廉的政府中，企业手中握有某些政府官员利用手中权力进行权钱交易的腐败证据，企业也应该积极配合国家进行检举的工作。

其次，企业要遵纪守法。法律面前，人人平等。如果企业为了自身的利益从事违法勾当、偷税漏税、生产假冒伪劣产品等，企业就会受到法律的制裁。在中国的企业不仅要遵守中国的法律，还要遵守相关的国际法、国家条约和国际惯例。企业不可把中国的企业政府关系简单地理解为阴暗的请客、送礼和拉关系，企业政府关系是建立在公正、公平和公开的基础上的。同时，企业也只有遵纪守法，才能建立一个良好的公众形象，才能打下一个良好的公众基础，在此基础上才能够顺利地进行正常生产经营活动。

再次，企业能够大力支持政府工作。如前所述，企业和政府是利益相关者，企业与政府是一种双向的互动关系，企业的经营活动要得到政府的认可与支持，首先要能够支持政府的各项工作。政府的各项工作需要得到各方支持才能顺利实施，比如：希望工程、抗震救灾等，企业虽然是营利性组织，但是企业仍属于社会的一分子，所谓“取之于民，用之于民”，只有能够积极响应政府号召，支持政府工作的企业才能树立良好的公众形象，在企业的经营销售方面能够超人一筹。

最后，企业要保证企业利益与国家利益的一致性。实践证明，共赢的基础是利益的一致性，企业要想实现自己的目标，一定要站在国家和社会的利益角度看。国家利益和企业利益不是对立存在的矛盾体，国家利益和企业利益是辨证统一的，国家利益体现着企业根本的、长远的利益，是国家所有企业成员共同利益的统一。同时，每个企业的正当利益都是国家利益不可分割的组成部分。

在现实中，国家利益与企业利益是相辅相成的，国家利益是实现企业正当利益的源泉和保证，当企业利益和国家利益发生冲突时，企业利益应该服从国家利益。总而言之，国家利益与企业利益是不可分割的统一体，“覆巢无完卵”，企业要保证企业利益与国家利益的一致性。

在明确了企业政府关系的四项基本原则之后，建立与维护企业政府关系可以遵循以下几种方法。

首先，企业要加强与政府部门的沟通与联系。沟通是一种桥梁，通过沟通可以消除隔阂，拉近距离，有效地实现信息的交流与共享，最终达到思想共识、利益一致的目的。政府代表国家和社会的利益，企业在经营过程中要及时与政府沟通，了解各级政府部门的职能、权力及工作进度，在相互了解的基础上建立沟通与联系。同时，沟通渠道也分为以下三种：当企业属于建立初期，销售渠道、品牌和口碑还没有建立的时候，企业的行为要符合国家的发展政策、要参加政府举办的各种公益活动，以行为沟通的方式树立企业的形象，从而为进一步沟通奠定良好的基础；当企业已经建立并处于稳定期时，需要建立正式渠道的沟通，如：会见、会谈、书面报告及参观访问等，让政府了解并清楚企业的各项活动，并设立专门的政府关系部门；当企业属于成熟期，可以建立非正式渠道的沟通，如电话、E-mail 和社交等。由于中国政府的职能范围更宽，企业政府关系沟通内容也更加丰富，政府掌控的稀缺资源决定着企业能否获得更多的市场准入和市场竞争机会。除此之外，在有限开放的中国，企业政府关系的好坏决定了稀缺资源分配的格局，也决定了企业的市场准入和战略竞争力。此外，需要谨记的是：许多外企认为与中国政府部门的沟通与联系就是走后门和送礼，这完全是一种不健康的沟通方式，中国的反腐斗争在习总书记的领导下已经使得政府工作更加规范化和透明化，企业需要建立正规、正式、正常的渠道与政府进行沟通与联系，千万要杜绝走后门、送红包这种不健康的沟通方式。

其次，企业要为政府决策提供支持和帮助。首先，企业要让政府支持自身的经营，首先要让这个政府了解自身支持政府工作的决心。从 2000 年开始，中国实施西部开发战略，许多跨国公司迅速瞄准西部市场，纷纷向西部转移资本、扩大投资。在进军西部的同时，跨国公司不忘开展一些有效的公关活动。摩托罗拉公司就是积极响应我国建设西部地区号召的典型。为更好地为西部国有企业服务，摩托罗拉企业优化中心于2000年6月首次尝试“送课上门”，与西安高新技术开发区合作在西安软件园举办了第十九期培训，9月又在成都成功举办了第二十三期培训，受到了参训企业的欢迎，也得到了国家计委、地方计委及地方政府领导支持和肯定。不久，摩托罗拉公司与四川省政府签订了关于成立四川—摩托罗拉合作委员会的备忘录，成立了四川—摩托罗拉合作委员会，标志着四川省和摩托罗拉公司的友好合作关系进入一个新的历史阶段。在新的转型社会发展形势下，企业要理解改革、投身改革、支持改革、参与改革、减少深化改革的阻力、增加助力、凝聚合力。切不可把企业政府关系看成诡秘的行为，认为给官员送红包就是在提供支持和帮助，这种不健康的方式一定要坚决杜绝。相反，在为社会救助等方面，帮助财政支出紧迫的政府渡过难关，主动向政府提供有力的资助，这才是支持政府工作更健康的方式。

再次，热心公益活动。公益活动能够在客观上改善了公司的政府关系，使企业形象及声誉在活动中得到宣传和提升，优秀的企业文化和理念得到发扬和光大，在公众中赢得良好的口碑和形象。比如环境保护是很多企业越来越多参与的社会公益活动，有一家能源公司为争取西气东输项目策划了一次政府公关活动，该公司投资500万美元在北京长城附近种植了一条绿化林带，并题名为“友谊林”。这项活动既保护了环境，又提升了该公司关心环保、公益事业的形象，自然也为它赢得了政府部门的好感，增加了招标成功的筹码，可以说是多全其美。另一个例子是，福特在中国投入巨资设立了环保奖，并授予荒山造林4000亩的河北农民李荣“福特汽车环保黄河奖”。在环保奖的启动仪式上，原林业部副部长董智平，全国人大常委、环境与资源保护委员会主任曲格平都高度称赞了福特的环保贡献，福特中国公司总裁程美玮坦言，这样的活动既增加了政府的信任，又增加了品牌的美誉度，在危急时刻挺身而出，慷慨解囊，更能展现一个良好的企业形象。在抗击“非典”斗争中，许多企业首先向中国人民伸出了援助之手，特别是与医疗有关的公益活动是跨国公司最常开展的公关活动，如妇儿德育、文化教育、环境保护、救灾扶贫、社会建设、文娱康乐等社会公益活动。

最后，企业要熟悉与自身相关政府部门的办事程序和方法，建立专人负责与政府联系的机制。《孙子兵法》有云：知己知彼，百战不殆。“知己”是指了解自己，“知彼”就是了解对方，这意思是说，在军事纷争中，既了解敌人，又了解自己，百战都不会有危险；不了解敌人而只了解自己，胜败的可能性各半；既不了解敌人，又不了解自己，那只会每战都有危险。虽然企业与政府不是战场上你死我活的斗争关系，但是企业要想和政府建立长期的关系，就必须熟悉了解政府相关部门的组织机构、职权职能和办事程序。这种“知彼”不仅可以为有效的沟通建立基础，而且可以为企业节省许多的交易成本。在这点上，需要谨记的是，一些外企人员认为只要在政府部门中有一个朋友，那么企业就可以顺利办理所有事宜，这是错误的，其结果是，此人一旦离任，公司的政府关系便可能处于瘫痪状态，甚至计划中的投资项目也被搁置。这种思想和前面的通过走后门和送礼等沟通方式建立的关系如出一辙，要坚决杜绝。中国政府部门有严格的社会分工，每个部门、每个处室以及每名员工的工作职责都不同，企业一定要熟悉每一次具体事务需要与哪一级别哪一个政府职能部门联系，特别是当企业有十分紧急的事务需要紧急沟通的时候可以极大地提高工作效率，这样就能够极大地减少企业的日常事务交易成本，增加企业的收益。

同时，企业与政府是双向互动的关系，企业与政府之间是利益相关者，企业和政府之间需要相互支持，所以，企业要建立与政府之间的沟通与联系。那么怎样把这种沟通与联系具体化呢？最好的办法是企业设专人或者建立一支政府关系团队，专业负责与各个相关政府部门的沟通与联系。如果是专人联系，一般来说，都是由企业的领导人负责或是由决策层负责，这样企业的主要负责人能够与政府员工不仅建立工作关系，而且能够建立朋友关系。这样，双方的沟通就会更加顺利，对于政府政策的变化能够提前预知，在经济环境不断发生变化的社会中，使得企业能够立于不败之地。但是这样做的坏处是，企业的专人一旦离职，在离职发生到公司找到新人与政府沟通之前这段时间就会出现信息沟通的空白。解决该问题的方法是以组织形式确定团队专门负责与政府部门进行沟通，那么，只要这种组织形式不解散，企业政府关系就永远存在，弥补了专人负责的缺陷。

第九章

跨文化商务沟通

9.1 中国的委婉文化对外资企业商务沟通的影响

外资企业不断涌入的今天，要想迅速适应环境，在激烈的竞争中脱颖而出并且占领市场，不仅需要拥有过硬出色的产品，同时需要掌握成熟的跨文化商务沟通经验。中国作为东方文明古国，其历史、文化与西方存在极大的差异，这给来华投资的外资企业造成了相当程度的困扰。这就使得外资企业的跨文化沟通显得更加重要。

在全球化经营中，对子公司所在国的文化采取包容的沟通及管理方法，在跨文化条件下克服任何异质文化的冲突，并据以创造出企业独特的文化，从而形成卓有成效的管理过程。其目的在于在不同形态的文化氛围中设计出切实可行的组织结构和管理机制，在管理过程中寻找超越文化冲突的企业目标，以维系具有不同文化背景的员工共同的行为准则，从而最大限度地控制和利用企业的潜力与价值。全球化经营企业只有进行了成功的跨文化商务沟通，才能使企业的经营得以顺利运转，竞争力得以增强，市场占有率得以扩大。

跨文化商务沟通蕴含着一种边缘学科的特点，它融合了管理学科效率至上的优势，同时也吸纳了社会科学兼容并蓄的精髓。这可以说是一种共存，既要保持该企业在本国生产的特点，同时融合他国独特的市场需要，这种共存可能产生一系列矛盾，如果处理不当会对企业的生产管理产生复杂的影响，但若处理得当的话，又能够成为日后企业沟通管理的利刃。

9.1.1 中国的委婉文化

自汉朝起，中国文化在总体上遵从孔孟之道，讲求“仁者爱人”，组织内部有上下、尊卑之分，组织内部的人员一般都会考虑到集体的利益与稳定，不会十分直接地表达个人诉求，更不会让个人的利益和集体的利益产生激烈的冲突。中国人避免在组织内部竞争，喜欢竞争的人一般会被认为是好大喜功的表现，所以在中国有“忍为上”“和为贵”“曲则全”的文化道德传统。相比于欧美理性、直接的文化，中国的文化更偏感性、委婉。虽然随着全球化进程的不断深化，外来文化对传统文化造成了很大的冲击，但是这些传统文化仍然在中国员工的日常生活及工作中占据绝对的主导地位。

另一方面，传统的中国儒家思想认为，社会或组织中有年老长幼之分，所以在中国，或中国的企业中，前辈、上级都应当受到晚辈和下属的尊重。所谓的前辈，即比自己更早进入企业内部的员工，并不一定是指年龄上的大小。而这种儒家思想当中的“长幼”之分也随之被认为是中国沟通管理思想和方法的基石。因此，在中国管理方式通常都是指示性质的。例如，高级管理人员通常把自己的指令传达给自己的直接下属，再由直接下属通过直线方式向下传递。很少有下属会质疑自己上司的决定，因为假如下属质疑上司的决定，一般会被认为是对上司的不尊重，或是让自己的上司觉得很没有“面子”，估计即便有所怀疑也不会表现出来，或者仅以极为委婉的方式加以暗示，而这恰恰是西方管理人员极难适应的。组织内的经理或管理人员，通常像一个大家庭的父亲甚至是族长一样被公司内的同事所尊重，而同样作为回馈，经理或管理人员会全力来维护组织的整体利益，甚至于每个人的个人利益，这与西方文化中追求自身利益最大化的动机又存在着极大的差异。

总而言之，欧美文化是外向型文化，崇尚理性，科学民主、法治、强调自我价值和个人奋斗。而我国的文化是一种委婉型文化，崇尚和睦、中庸、德治、集体重于个人。文化传统的积淀是深厚的，通过潜移默化、耳濡目染的方式，无时无刻不在塑造着本民族的人，使各民族形成独特的生活习惯、价值观念、思维方式和处事风格。来自不同国家、不同社会制度、不同文化背景的各方来到我国出资创办企业，都会因对中国委婉文化的不适应而产生种种冲突。

9.1.2 外资企业的文化差异的表现

如上节所述，来华外资企业存在多种社会文化背景的影响和相互作用，且各国的政治、法律、经济、文化特征均与中国有所差异，故相应的价值观也会有很大的差异。在此基础上，外资企业往往会存在一系列的跨文化商务沟通问题。根据众多学者们的研究成果，相关问题主要表现在以下几个方面。

（1）人事管理

难以挑选合适的外籍员工，中方员工提升机制中的“枪打出头鸟”问题；因“裙带关系”引起的文化冲突；与中方相异的西方领导风格不适用。

（2）积极性管理

调动积极性的各种手段不能调动中方动员工兴趣；个人创造性难以调动；人际关系重于劳动与工作质量；工资体制和福利待遇中的跨文化问题；对中国人的强烈集体归属需求估计不足。

（3）交际管理

语言障碍；合作中各方各行其是，不协调；各部门间的协调障碍；信息交流中的各种问题。

（4）目标和计划管理

计划问题；效率意识与无时间、无利润观念相抵触；质量保证与目标问题；衡量行动需要不同的尺度。

（5）决策管理

决策标准不相一致；决策过程不同；不愿意承担责任，缺乏个人主动性；缺乏参与精神。

（6）组织管理

非正式等级和团队的组成；合作愿望受到抑制；革新愿望缺乏引导；没有充分的冒险准备；团队生产力降低，凝聚力缺乏。

（7）监督管理

中国人习惯于严格监督，对监督的需要程度不同；凭感情采取的惩罚手段不同；对工作任务描述不具体，质量无保证。

9.1.3 具体影响

中国委婉文化导致的巨大差异给中西方的管理逻辑及方式打上了鲜明的烙印，并广泛地渗透到管理的各个层面，最终的影响突出体现在企业目标、经营观念、组织决策等各个方面。

（1）目标期望存在差异

外资企业中，双方对企业的目标期望存在着差异。主要原因是外方投资者与我国的管理者对企业目标有不同的理解，对目标的性质也有不同的观点。外方管理者认为企业目标是追求营业利润指标，减少损耗指标，即比较偏重一些具体的经济指标，认为没有这些指标就无从检查或者衡量他们的成就。但是中方管理人员长期受委婉文化、计划经济的影响，认为企业的目标是为全体员工，乃至整个社会谋福利。一般地说，外方急于追求经济利益，而中方管理人员所追求的是更为抽象、更高层次的指标。双方由于文化背景的不同而引起对企业目标的不同理解，是影响合资企业有效沟通管理的一大障碍。

（2）经营观念不尽一致

外方投资者的经营观念往往与他们国家的文化传统相一致。我国传统的经营观念讲究以人为本，重视信用，重视发展双方的“关系”，而对合同的约束力较轻视。外方一般认为合同是最后协议；而我方管理人员认为有时“关系”比合同更重要、更可靠，如果发现自己在某一项目中获利不多，即使已经签了合同，也会试图修改合同，同时为了保持和发展长期关系，有时也会同意就合同内容重新协商。双方因为不了解彼此长期形成的价值观、思维方式，因而给外资企业经营管理带来困惑。

（3）决策原则不同

西方人强调自我，注重思维清楚明白的文化传统和直言不讳的表达方式对管理决策产生的影响。他们强调时间观念在决策过程中的重要性，把征求大家意见，以求得共识的决策方式，看作是低效率的决策方式。在中国文化中，因为群体至上，存在对上级的崇拜和服从，往往使决策议而不决，又因为强调达成共识，使决策过程拖延缓慢。

例如，在中美合资企业中，美方管理人员鼓励企业成员参与目标的制定，快速提升，以巨额奖金加以刺激；如果成员表现不佳，立即采取极端做法，解雇员工。但在中日合资企业中，日方管理人员采取禀议制的决策方法，即集体决策。而中方管理人员采取民主集中制，批评与自我批评，教育与疏导，民主参与管理等。显然，由于各国文化不同，对待决策的原则产生各自不同的特点。

（4）管理模式风格不同

因文化背景不同引起管理方式差异，也是影响外资企业有效管理的重要因素。西方管理强调严密的组织结构和控制手段，由于崇尚自我，强调独立，西方的管理体制是强有力的。许多企业往往依靠严密的组织机构、健全的控制手段实施管理。中国的企业管理虽然也强调严密的组织机构和控制手段，但实际却难以做到，事实上多数企业处于人浮于事，管理松弛的状态，组织和控制职能难以达到预期效果。

美国企业管理模式特点是运用制度化管理，对员工就职前进行教育训练，注重实绩和个人能力，实行分层授权，采用双向沟通方式，公私分明，分工细致，尊重员工权利和意见。日本企业管理模式特点是终身雇佣制，提倡公司精神，定期进行工作轮换，发扬团队精神，实行民主方式，企业内高、中、低层人员观念一致。中方管理的特点是民主集中制，政治思想教育，民主参与管理等。

（5）激励方式不同

西方文化的主要特征还表现在它的激进性上，这种激进的文化特征渗透到企业管理中突出表现为鼓励创新、勇于竞争和拼搏的企业精神。中国的传统文化向人们灌输知足常乐、随遇而安的价值观念，让人们学会听天由命、万事随大流的中庸之道，学会因循守旧、墨守成规、不思变革、惧怕竞争等消极行为方式。在这种封闭、保守的文化环境中，人们很难具备开拓进取的精神，很难适应现代化所需要的开发性和创造性。

西方管理者倾向于在工作中与人保持一定距离，把上司与下属的关系看成纯粹的工作关系。中国文化强调群体性，重视“人和”因素，注意协调人与人之间的关系，这种文化特征虽然容易减少人际间的摩擦和冲突，但也容易产生“窝里斗”“三个和尚没水吃”的风气，对企业管理的效率起到冲击和破坏的作用。

9.2 如何最大限度降低文化差异的影响

9.2.1 成因分析

细数我国的前十大外商投资来源国和地区，其中除香港、台湾两地与大陆外，其余国家和地区的文化与中国均存在相当大的差异，尤其是对委婉文化的不理解，更使得外来投资者在进行沟通管理时问题重重。许多在中国取得了巨大成功的跨国公司往往较好地克服了此类困难才取得了当前的成就。正如曼姆在分析北京吉普的案例时指出的："中美双方发现的文化差异比任何一方在合资企业开办之前预想的都大。"而戴维•A•利克斯也认为："凡是跨国公司大的失败，几乎都是因为忽略了文化差异所招致的结果。"因此，文化冲突就成了外国企业来华投资面临的最主要问题。外商投资企业在中国面临的文化冲突的成因可归结为以下三方面。

（1）语言

众所周知，中国的语言文字与西方国家的拉丁文、英文等差异很大，几乎没有任何相似性，即使是同日本、韩国相比，也复杂得多。汉语作为世界上最难学语言排名的第一位，对于从海外母公司派来的外国员工来说，很难在短时间内掌握。同时，受委婉文化的影响，中文在表达上也较其他国家语言更加含蓄，许多信息的传递要通过肢体语言、上下文的联系、情境才能恰如其分地理解，而来自其他语种国家的人或许就很难在母国语言中找到对应的词语，这就难免造成沟通障碍或者误会，极大地影响他们与中国人，包括政府、竞争者和客户的交流。许多外商投资企业最终撤资、解体或多或少都有这方面的原因。

（2）价值观

价值观是指人们对事物的看法、评价，是人们信仰、价值、心态系统中可评价的方面。不同文化背景下的人对工作态度、工作方式、人际关系、风险等观念不尽相同。首先，从工作和生活的态度方面看，中国文化强调群体性，重视"人和"因素，注意在企业内形成较为和谐的人际关系环境，这就往往使家族关系、人情关系等不好的因素夹杂在企业管理中，对管理的效率起到了冲击和破坏的作用；西方近代文化则认为，人的精神生活和社会生活应当存在于工作场所之外，工厂只是工作的场所，因此反对在工作场所结成人与人之间亲密的关系，人际间的情感和亲情只能存在于像家庭、教堂、俱乐部和邻里之间的狭小范围内。其次，西方企业员工一般信奉拼命干活、拼命享受的价值观，追求从自身的努力工作中得到更多的物质满足和乐趣；而中方员工则缺乏主动性、节奏慢，把工作时间看作是同事间交往的机会。第三，西方管理人员敢于创新和冒险，无后顾之忧，勇于采用新技术、开拓新市场、研制新产品，认为胜败乃兵家常事；而中方管理人员却缺乏风险意识和冒险精神，难以在激烈的竞争中抓住好机会。另外，在对上下级关系的理解方面，中国企业员工受传统文化“官本位”思想的影响，认为上下级之间的关系并不平等，下级一般也不愿与上级发生冲突或反驳他们；而西方大多数企业中上下级认为彼此天生就是平等的，所谓等级制度不过是所任职务的不同而已，下级在自己的职责范围内有较大的自主权，对上级也有一定的建议权和质疑权。由此，中外双方员工之间在工作中的冲突经常会出现。

（3）沟通方式

中国人偏向委婉、和谐、情感式的沟通，尽量避免与不同意见的人面对面交涉，回避同事间直接冲突，习惯于在幕后解决分歧，而在公开场合只希望讨论普通的事情；西方人倾向直率、务实式的沟通，喜欢面对面沟通解决分歧，鼓励展开坦诚的争辩。另外，中国人喜欢间接式沟通，因为他们觉得面对面直接沟通往往很困难，需要某种居中缓和的形式，有时通过中间人来周旋；而西方人偏好直接式沟通，很少请另一个同事转达自己的话，重要的事一般是自己亲自向对方说。

由于以上三方面的文化差异，在中国投资的外商企业中，中外员工之间的沟通往往效率低下，而且经常对同一项任务有着不同的理解，从而导致不同的工作行为，使得这些企业的管理更加复杂，决策实施和统一行动更加困难。

9.2.2 应对策略

要解决在华外商投资企业中的文化冲突，实现有效的跨文化商业沟通，可以从以下几个方面着手：

1. 实行本土化企业管理模式

外国企业存在于异域文化系统中，必然有一个适应的问题，这种对异域文化的适应大体有两种方式：一种是使自己适应当地社会文化背景，这就是要针对文化环境的特点，采取一系列措施加以变通。另一种方式是国际企业通过当地文化内部的变化，设法使环境适合自己的特殊需要。显然，由于中国传统文化的根深蒂固，想要加以改变可能性微乎其微，因此外商投资企业想要在我国持续地发展只能采取第一种方式，那就是使自己融合到中国文化中，即推行“本土化经营”模式。

宏观上来说，本土化经营能够避免外国企业与我国之间的贸易摩擦和投资摩擦，增加我国国内就业机会，为我国的进出口贸易和国际收支做出贡献；另一方面，由于企业形象在当地树立了起来，企业及产品的知名度提高了，这不仅增加了对当地生产出来的商品的需求，而且同一品牌的其他产品也能毫无抵触地为当地人所接受。具体来讲，本土化经营包含三个方面。第一，员工本土化。由于西方国家的工资水平和福利待遇远高于中国，聘用本地的员工管理企业可以大大节省由外派人员带来的高工资成本，同时本地人员比外派人员更了解当地的民情，有利于企业与外部环境包括政府、客户、消费者以及供应商的沟通与协调。此外，随着中国教育水平的提高和英文的普及，越来越多的中国人可以用娴熟的英语与西方人交流，这也有效避免了在华企业同外国母公司或其他分公司的交流障碍，降低了交流成本。员工本土化的关键在于吸引当地的优秀人才，主要方法有选拔当地优秀毕业生，例如在国内知名大学设立奖学金，为公司做人才储备；以高薪和优厚的福利待遇吸引当地具有丰富工作经验的管理人员和高级技术人员；实行个人职业发展计划，留住企业内部有潜力的中方员工。第二，采购本土化。从当地采购生产经营所需的各种物资，可以减少运费降低采购成本，同时避免汇率变动所带来的风险。第三，营销本土化。了解当地消费者的生活习惯和消费心理，使自己的品牌、产品及广告符合中国人的观念，不但可以拉近企业与消费者的距离，使消费者产生亲切感和认同感，还可以在社会上树立良好的企业形象。

2. 多元文化相容策略

实施这个策略的前提是允许多元文化并存，张云锋和于晓东提出的文化相容策略，因为根据不同文化相容的程度又可以细分为以下两个不同层次：

（1）文化的平行相容策略。这是文化相容的最高形式，习惯上称之为文化互补。就是在跨国公司的子公司中并不以母国的文化作为子公司的主体文化。母国文化和子公司文化之间虽然存在着巨大的文化差异，但却并不互相排斥，反而互为补充，二者同时运行于公司的运作中，这样可以充分发挥跨文化的优势。一种文化的存在可以充分地弥补另外一种文化的许多不足及其单一性。美国麦当劳和肯德基公司在中国的经营可谓是运用该文化相容策略带来了巨大成功。

（2）隐去两者主体文化的和平相容策略。由于跨国公司中的母国文化和子国文化之间存在着巨大的文化差异，很容易在子公司的日常运作中产生文化摩擦，管理者在经营活动中要刻意模糊这种文化差异，隐去两者文化中最容易导致冲突的主体文化，保存两者文化中比较平淡和微不足道的部分。另外两人还提到了文化创新策略、文化规避策略和文化渗透策略占领式策略和借助第三方文化策略等。由于它们本身具有的缺点大于优点，总的来看，文化相容策略是比较符合跨国公司的管理模式的。

3. 文化混合型管理

具体包括以下四种策略：（1）母公司所在国文化主导型：就是在公司内部以母公司所在国的文化为主导型文化；（2）中国文化主导型；（3）两国文化合作型；（4）两国文化混合型。第四种是目前最被广泛接受的，因为公司以两国文化的优点为导向，结合本公司的发展，提出公司独特的公司文化，公司员工以这种文化为准则，更易自觉地规范自己的行为并以此作为公司的发展动力，这样在公司文化的规范下形成公司最高的价值准则。

4. 共同价值观管理

在有两种或两种以上的文化在公司并存的情况下，管理交流中要注意对对方文化的尊重和理解，以平等的态度交流。在此基础上，找到两种文化的结合点，发挥两种文化的优势，在企业内部逐步建立起统一的价值观。美国管理学家彼得斯和沃特曼指出："我们观察的所有优秀公司都很清楚它们主张什么，并认真地建立和形成了公司的价值标准。"事实上，如果一个公司缺乏明确的价值观，将很难获得成功。

5. 跨文化培训

跨文化培训是解决文化差异，搞好跨文化商务交流的最基本最有效的手段。跨文化培训的主要内容应包括：对中国文化及母国公司文化的认识和了解，包括研讨会、课程、语言培训、书籍、网站、讨论和模拟演练等等方式，文化的敏感性培训则主要是训练员工对当地文化特征的分析能力，弄清楚当地文化是如何决定当地人的行为的；文化的适应性训练，包括派员工到海外工作或者出差，让他们亲身体验不同文化的冲击，或者把他们留在国内，与来自不同文化背景的人如总部的外籍员工或第三国外籍员工相处，员工可以通过实践经历获取应对其他文化的技能。

根据跨文化顺应论，跨文化培训将给员工带来以下三方面的效果：（1）功能顺应能力增加。通过重复活动，员工学习了新文化，内心进行重组，内心的反应与其他文化要求之间趋向于同步；（2）心理更加健康。员工的心理健康与他们的交际能力以及他们在另一种文化中的功能顺应能力密切相关；（3）跨文化身份出现。员工在跨文化交际中遭遇到的不利情形会给他们带来自我休克。这种跨文化身份的出现的基础不是归属感，而是一种自我意识的风格，自己既不完全是某一特定文化的一员，也不完全与某一特定文化脱离。

总之，中国这一极具发展潜力的市场，已经逐渐成为各国企业对外投资的焦点，而文化冲突是外商企业投资中国过程中不可避免的。只有掌握跨文化商业交流的策略，将本土化经营与跨文化培训相结合，消除文化冲突，尽量避免委婉文化对各国投资者的困扰，才是外商投资企业在中国实现成功经营、长期稳定发展的根本保证。

Chapter 1 A General Introduction of China

1.1 Natural Environment

China is located in East Asia and is a Pacific Rim nation. Covering approximately 9.6 million square kilometres, it is the world's third-largest country. China borders 14 other countries. It extends across much of East Asia, bordering Vietnam, Laos, and Myanmar (Burma) in Southeastern Asia; India, Bhutan, Nepal, Afghanistan, and Pakistan in South Asia; Tajikistan, Kyrgyzstan and Kazakhstan in Central Asia; and Russia, Mongolia and North Korea in Inner Asia and Northeast Asia. Additionally, China shares maritime boundaries with South Korea, Japan, Malaysia, and the Philippines.

There are various types of climate in China. In winter, northern high-latitude areas are cold and dry; in summer coastal areas at lower latitudes are warm and moist. From North to South, China has cold temperate zones (1.2% of the total national territory area), mid temperate, warm temperate, subtropical, and tropical zones, as well as the special Tibetan plateau cold area (26.7% of the total national territory area). From Southeast to Northwest, China has humid (32%), semi-humid (15%), semi-arid (22%), arid (31%) zones.

China is the world's most populous country. By the end of 2014, mainland China had a population of 1.368 billion. Every year, there are about 16.87 million new births, and the birth rate is 12.37‰. Average population density in China is 143 people per square kilometre, with high population density on the eastern coast, and sparse population density on the western plateau. The most-densely populated areas are the Yangtze River Delta, the Pearl River Delta, the Sichuan Basin and the Huanghuai Plain.

Beijing, the capital of China, is located in the north of the North China Plain. It has a long history, and is the country's political and cultural hub. Beijing has a typical semi-humid continental monsoon climate of the north temperate zone. In January, the average low is -4.4℃, and in July the average high 26℃. Shanghai is the largest city in China. It lies at the mouth of the Yangtze River. It is the national economic, financial, trade and shipping center. Shanghai has a subtropical humid climate, with the average low at 4℃ in January and the average high at 28℃ in July.

1.2 Politics and Economy

The fundamental political system in China is the system of people's congress. It is an organization for people's self-governance. The National People's Congress is the highest authority. It has a standing organ—the Standing Committee of the National People's Congress. The National People's Congress and its Standing Committee exercise national legislative power. They can also elect or recall the President or other major leaders. The State Council (the highest administrative organ), the Supreme People's Court (the highest judicial organ), and the Supreme People's Procuratorate (the highest procuratorial organ) shall be appointed by the National People's Congress.

The President of People's Republic of China represents the P. R. C., attending state functions and receiving foreign diplomatic envoys. The President shall also appoint or recall plenipotentiary representatives abroad, ratify or abrogate treaties and important agreements concluded with foreign states according to decisions made by the Standing Committee of the National People's Congress. The State Council of the P. R. C., also known as the Central People's Government, is the executive organ of the highest authority, and is the highest organ of state administration. The State Council is composed of the Premier, Vice Premiers, State Councillors, Ministers of various Ministries, the Heads of various commissions, the Auditor General, and the Secretary General. The Supreme People's Court, and Local People's Courts at various levels are judicial organs. People's Courts exercise judicial power independently in accordance with the law, and are not subject to any interference from administrative organs, social organizations or individuals. The Supreme People's Procuratorate and Local People's Procuratorates at various levels are the organs of legal supervision. People's procuratorates exercise procuratorial power independently in accordance with the law, and are not subject to any interference from administrative organs, social organizations or individuals.

China employs a socialist market economy system. The government imposes marketized administration over the economy. The majority of services provided, and the distribution and prices of goods are subject to the market demand and supply; while the allocation and prices of some special services and goods are determined by the government. Companies run independently, and labor forces flow freely. There is no interference from the government.

1.3 Overall Economic Development

Economic transformation has boosted China's economy, especially the implementation of the Reform and Opening-up Policy in 1978. Since then, China has made remarkable achievements. Its economic growth rate has reached nearly 9.8%. The economic aggregate of China ranked 10th in the world in 1978. In 2008, the number surpassed Germany and ranked 3rd in the world, while in 2010, it beat Japan and ranked 2nd, only after the United States. In 1978, the total of China's import and export was only $20.6 billion, ranking 27th in the world; in 1990, the number rose to $110 billion, ranking 16th. In 2001, this number surged to $509.8 billion, and was the 6th in the world. But at present, China boasts the largest amount of import and export worldwide. Foreign exchange reserves in 1978 were

$167 million; in 1989 they were at least $5.55 billion; and after 1993, the number skyrocketed. By the end of 1996, it reached $100 billion for the very first time and ranked 2nd in the world. Now China holds $250 billion worth foreign exchange reserves. China used to be a country short of food and other necessities, but due to the Reform and Opening-up Policy, that situation fundamentally changed. In 1996, China produced more than 100 million tons of steel, surpassing Japan to become the largest steel-producing country in the world. China is also the largest producer of many other products: grain, meat, aquatic products, fruit, cotton, cloth, coal, chemical fiber, chemical fertilizer, televisions, and digitally controlled exchange, etc. It's rare to see a country make such great progress in such a short period of time in so many important agricultural and industrial areas. Before the Reform and Opening-up Policy, there was nearly no foreign capital to use. In 2001, however, foreign investment in actual use reached $568.4 billion, and foreign direct investment reached $393.5 billion. The use of foreign capital has been increasing since the 1990s. China has been the largest developing country in attracting foreign capital since 1993.

1.4 Education

Development of the economy has also made improvements to education. In the past thirty years since the implementation of the Reform and Opening-up Policy, great achievements have been made in this area. From 1978 to 2007, the primary school enrollment rate increased from 94% to 99.5%; the gross enrollment rate at junior high school rose from 20% to 98%; for senior high school it rose from less than 10% to 66%; and pre-school education, which started from a rather low standard, reached 44.6%. At present, the average number of years of education for people aged above 15 is 8.5, while the average for the incoming labor force is 10.5. The country's development of human resources is at a rather advanced level among developing countries. Meanwhile, higher education has also improved.

People's awareness of education has enhanced. Enrollment at higher education increased from 5%, at the very beginning of the implementation of the Reform and Opening-up Policy, to 76% in 2014. According to statistics, for undergraduates, there were about 6,998,000 students who were enrolled in college or university in 2014 of which 6,387,000 graduated and 24,681 thousand continued studying. For postgraduates that same year, 611,000 students were enrolled; 1,794,000 postgraduates were studying for their degrees and 514,000 postgraduates graduated. The "opening-up" of education has also resulted in a transformation. Between 1978-2006, 1,067,000 people went abroad to study, and 275,000 of those returned. Between 1996-2013, 34,700 people went abroad with a national scholarship and 97.5% of them returned. Education expenditure has been increasing every year. In 2012, the expenditure accounted for 16.13% of the government total, which was up 1.35% from 2011. According to statistics, in 2012, the GDP of China is 51.894211 trillion yuan, the state financial education fund at 4.28% of GDP, 0.35% over the previous year's 3.93%.

These data reflects the level of education in China is constantly improving, the scientific and technological strength has been enhanced as well.

1.5 Culture and Custom

China has formed a unique culture during its long history of more than five thousand years. Its people stress frugality, modesty, industry, kindness, family, and politeness. The country has 56 ethnic groups, each of whom has very different customs and features. Those differences bring to the Chinese people an open mindset and tolerance for others, allowing them accept foreign cultures easily and willingly. In modern times, along with the ongoing social reforms, China has been transformed from agricultural society, to industrial society, and is now shifting to an information society, thanks to which Western culture shows more influence than ever before. In addition to traditional festivals, foreign festivals are also becoming popular, and there are churches and chapels found in China where many people go to practice Christianity or Catholicism. Traditional holidays include Tomb Sweeping Day, Dragon Boat Festival, Mid-Autumn Festival and Spring Festival which come from the lunar calendar. There is also Labor Day, National Day, and a list of others that include one day or three days off.

1.6 Development of Different Regions

Since the implementation of the Reform and Opening-up policy, the Chinese economy has gone through the Development Strategy of Coastal Areas in the 1980s, and the Development Strategy of the West in the 1990s. At present, the government employs such a development strategy: Development of the West, Rejuvenation of the Old Industrial Bases of the Northeast, Advancement of the East. In doing this, both the East and the West can be revitalised, the Central and Inland Zones improved, and harmonic development of different regions achieved. After thirty years of development, different regions have formed their different features.

The Eastern and Coastal Areas are taking leading positions in industrialised China. The market economy system here is essentially mature. The three most economically developed city regions are located here: the Pearl River Delta Economic Zone with the cities of Guangzhou, Shenzhen and Zhuhai; the Yangtze River Delta Economic Zone with Shanghai as it core; and the Circum-Bohai Sea Economic Zone of Beijing and Tianjin. Developmental miracles happen all the time in these three Economic Zones. The major feature of the Eastern Area is that it has an advanced capital-goods manufacturing industry. It produces instruments and apparatus, machines, telecommunication and electrical equipment. The inherent strengths of the Eastern Area in these fields are still being reinforced.

The Central and Inland Areas of China can be divided into two subcategories. The first are the areas that have rich resources, such as Heilongjiang Province, Jilin

Province, Henan Province, Shanxi Province, and the Inner Mongolia Autonomous Region. These provinces excel in the mining industry, but are weak in consumer goods manufacturing. Heilongjiang Province and Shanxi Province are very typical of this. The industries in those provinces are mainly oil and gas, coal mining and processing, ferrous metal mining and processing, and wood and bamboo logging. The second category includes provinces like Anhui, Hubei, Hunan and Jiangxi. Those provinces have a different industry structure compared with the provinces in the first category. They have an advanced consumer goods manufacturing industry, but are comparatively weak in the mining industry. As for intermediate input manufacturing, these provinces in the second category are above the national average, but for capital goods manufacturing they are below the national average. The advantaged fields of the intermediate inputs manufacturing of the Central and Inland Provinces are ferrous metal smelting, coke-oven gas producing, non-metallic products manufacturing, chemical industry and medical industry. In general, the industry structure of the Central and Inland areas is raw-material-oriented and energy-oriented.

The Western Areas excel in resource exploitation and processing. Provinces like Gansu, Ningxia, Qinghai, Xinjiang and Tibet are above the national standard for mining. The main areas for the mining industry here are oil, gas, non-metal, and coal. Secondary industries include oil processing and ferrous metal smelting. In the industry structure of this area, consumer product manufacturing and capital goods manufacturing lag far behind the national average. However, in Yunnan Province and Guizhou Province, the consumer goods manufacturing industry is better due to their tobacco processing industries. Only the ratio of capital goods manufacturing industry of Shaanxi Province is above the national average standard in western areas.

Chapter 2 Law and Policy

To attract foreign investment, since 1979 China has been establishing a series of legal systems and policies of industry, taxation and finance, etc, upon which a favourable environment for foreign investment has been built. Since there are a lot of laws and regulations in China, only some of the important terms will be enumerated in the article.

2.1 Laws and Regulations

The laws and regulations concerning foreign investors are as follows:

2.1.1 General Laws and Regulations

(1) Company Law of the People's Republic of China

The Law was enacted in 1993. After being revised several times, the latest version was revised in 2013. Company Law was enacted to regulate the company's organization and behavior, protect the legitimate rights and interests of companies, shareholders and creditors, maintain socio-economic order and promote the development of the socialist market economy.

(2) Contract Law of the People's Republic of China

Promulgated in 1999, this law primarily protects the legal rights of contractors so as to keep socioeconomic order.

(3) Insurance Law of the People's Republic of China

Enacted in 1995 and the latest version revised in 2015, it mainly strengthens the supervision over the insurance industry, and promotes the healthy development of it, protects the legitimate interests of the insured.

(4) Arbitration Law of People's Republic of China

Enacted in 1994 to ensure fair and timely arbitration of economic disputes and protect the legitimate rights and interests of the parties.

(5) Labor Law of the People's Republic of China

Enacted in 1994 and the latest version revised in 2009 to protect the legitimate rights and interests of workers and readjust labor relations.

(6) Regulations of the People's Republic of China on Foreign Exchange Administration

Enacted in 1996 and revised in 2008 to strengthen foreign exchange management and maintain a balanced international payments.

(7) Provisional Regulations on Value Added Tax of the People's Republic of China and relevant rules

The latest version of Provisional Regulations on Value Added Tax of the People's Republic of China has been in practice since 1 January 2009 when they were revised. The taxpayers (units and individuals) who sell goods, provide processing or repair services, and import goods into the territory of the People's Republic of China shall pay VAT in accordance with the regulation.

(8) Provisional Regulations of the People's Republic of China on Consumption Tax and relevant rules

The latest version of Provisional Regulations on Consumption Tax of the People's Republic of China has been in practice since 1 January 2009. The taxpayers (units and individuals) who produce, consign processing, and import consumer goods specified in these regulations within the territory of the People's Republic of China, as well as those designated by the State Council to sell consumer goods listed in the regulation shall pay the tax in accordance with the regulation.

(9) Interim Regulation of the People's Republic of China on Business Tax and

the relevant rules

The latest version of Provisional Regulations on Business Tax of the People's Republic of China has been in practice also since 1 January 2009. The units and individuals specified in the Regulation who provide taxable services, transfer intangible assets, or sell real estate within the territory of the People's Republic of China shall pay the tax in accordance with the regulation.

2.1.2 International Treaties

(1) As of the end of October 2015, China has signed bilateral investment protection treaties with 132 countries and regions;

(2) As of the end of June 2015, China has signed agreements with 99 countries and regions to avoid double taxation.

2.1.3 Special Laws and Regulations on Foreign Investment

(1) Law of the People's Republic of China on Chinese-Foreign Equity Joint Ventures and the Implementing of its Regulations

The Act was promulgated in 2001 after being revised many times to standardize Chinese-Foreign equity joint ventures.

(2) Law of the People's Republic of China on Chinese-Foreign Contractual Joint Ventures and the Implementing of its Regulations

The Act was promulgated in 2001 after being revised many times to standardize Chinese-foreign contractual joint ventures.

(3) Law of the People's Republic of China on Foreign Capital Enterprises and the Implementing of its Regulations

The Act was promulgated in 2000 after being revised many times to standardize foreign funded enterprises.

(4) Enterprise Income Tax Law of the People's Republic of China and the Implementing of its Regulations

The law has been in force since 1 January 2008 and stipulates that enterprises shall pay income tax in accordance with the provisions of it. Sole proprietor enterprises and partnership enterprises are not included.

(5) Provisions on Guiding the Orientation of Foreign Investment (2004 Revision), Guiding Catalogue for Foreign Investment Industries (2011 Revision), Catalogue of Priority Industries for Foreign Investment in Central and Western China (2013 Revision)

(6) Law of the People's Republic of China on the Protection of Investments by Taiwan Compatriots and the Implementing of its Regulations

Enacted in 1994 with the aim to protect and encourage Taiwan compatriots to invest and promote economic development on both sides of the Taiwan straits.

(7) Provisions on M&A of a Domestic Enterprise by Foreign Investors

Implemented in 2006 to promote and regulate the investment of foreign investors in China, introduce advanced foreign technology and management knowledge, and to improve the utilization of foreign capital so as to achieve a rational allocation of resources.

(8) Provisions on the Establishment of Investment Companies by Foreign Investors

The law was implemented in 2004 to promote and regulate the investment of foreign investors in China, introduce advanced foreign technology and experience in management.

(9) Provisional Regulations on the Establishment of Foreign-Invested Joint Stock Limited Companies

The Act was promulgated by the Ministry of Foreign Trade and Economic Cooperation in 1995 with the aim of further expanding international economic and technological cooperation and exchanges, introducing foreign capital and promoting the development of a socialist commodity economy.

(10) Provisions Concerning the Administration of Foreign-Invested Start-up Businesses and Investment Enterprises

The Act was enacted in 2003 to encourage foreign companies, enterprises and other economic organizations or individuals to engage in venture capital investment in China, in order to establish and improve China's venture capital mechanism.

(11) Measures for the Administration of Strategic Investment in Listed Companies by Foreign Investors

The Act was implemented in 2006 with the aim of regulating foreign investors' strategic investment in A-share listed companies (hereinafter referred to as listed companies) after the split share reform so as to maintain the order of the securities market.

(12) Interim Provisions on Re-investment of Foreign Investment Enterprises

The Act was implemented in 2000 to regulate the investment behavior of foreign investment enterprises.

(13) Interim Provisions of the Ministry of Commerce on Equity Contributions Involving Foreign Enterprises

The Act was implemented in 2012 to regulate equity contribution involving foreign enterprises, to make investment more convenient, and to encourage foreign investors to invest in China.

2.2 Forms of Foreign Investment

The main forms of foreign investment in China are Chinese-foreign joint ventures, Chinese-foreign contractual joint ventures, and foreign enterprises. In addition, there are other forms of investment, including the establishment of foreign joint-stock companies, investment companies, cooperative development, BOT, and so on.

2.2.1 Chinese-foreign Joint Venture

Chinese-foreign joint venture is a kind of joint equity venture, taking the form of a limited liability company as legal person in China. The investors consist of two parties, one including the foreign company, enterprise, other economic organization, or individual; the other the Chinese company, enterprise, or business established and invested in by other economic organizations in accordance with the Law of the People's Republic of China on Chinese-Foreign Equity Joint Ventures and the rules for its implementation. All Chinese-foreign joint venture is invested in and operated by both parties, who share the risks, profits, and losses according to their respective contribution percentage. At the time of its establishment the proportion of registered foreign investment shall not be less than 25 percent. Other joint ventures can use cash, buildings, factories, machinery, equipment and other materials, industrial property, proprietary technology, and land occupancy right to make an investment after being valued. The profits and other legitimate rights and interests of foreign investors can be remitted abroad or reinvested in China.

2.2.2 Sino-foreign Cooperative Enterprise

A Sino-foreign cooperative enterprise is a contractual joint venture. The foreign parties include foreign companies, enterprises and other economic organizations or individuals, and the same applies to Chinese parties. The co-organized enterprises by the two parties in accordance with the Law of the People's Republic of China on Chinese-Foreign Contractual Joint Ventures and the Implementing of its Rules may or may not have legal personality contigent upon the cooperation conditions provided by the Chinese side. With legal personality, the enterprises will be regarded as a limited liability company and both parties will bear responsibility according to their own conditions of cooperation or investment, and the cooperative enterprises will assume full responsibility for the debts of the enterprise with all its assets, save as otherwise stated in the contract.

In the contract, the Chinese and foreign cooperative enterprises shall clearly stipulate the conditions, rights, obligations, income distribution or the commitment of risk and debt, the management mode of the enterprise, and financial treatment after the expiration of the contract. Under normal circumstances, all or most of the funds, technology, and core equipment are provided by the foreign party, while the Chinese side provide land use rights, plant facilities, or part of the funds.

When the contract expires, the enterprise's fixed assets are all vested in the Chinese side. The foreign party can only recover its investment in the cooperation period in the following manner:

(1) On the basis of distribution or cooperation conditions, the contractual joint venture agreement stipulates to expand the proportion of foreign partners' income distribution.

(2) After being reviewed and approved by the financial and tax authorities in accordance with the relevant provisions of the state tax, foreign partners can recover their investment before the cooperative enterprise pay income tax.

(3) Other ways of recovering investment approved by the financial and tax authorities and the government agency in charge of examination and approval.

2.2.3 Foreign-capital Enterprises

Foreign-capital enterprises, completely funded by foreign investors, are enterprises established within the territory of P. R. China by foreign enterprises, companies, other economic organizations, or individuals, in accordance with the Law of People's Republic of China on Foreign-Capital Enterprise and the Implementation of its Rules. Foreign enterprises or branches of other foreign economic organizations are not foreign-capital enterprises. Foreign-capital enterprises are qualified as Chinese legal personality, taking the form of limited liability companies. The liability of the foreign investor to the enterprise is limited to the amount of the capital contribution paid. Of course, being approved, foreign-capital enterprises can also take other forms of limited liability company, in which case the foreign investors should take on liability for the enterprise in accordance with the provisions of China's law.

2.2.4 Foreign Investment Co., Ltd.

Foreign Investment Co., Ltd. refers to companies co-organized by foreign companies, enterprises, other economic organizations, or individuals, and Chinese companies, enterprises or other economic organizations, in accordance with the principle of equality and mutual benefit, through the subscription of a certain percentage of shares.

All capital of Foreign Investment Co., Ltd. consists of equal shares. Shareholders are liable to the company in accordance with their share percentage. The company assumes responsibility for its debts with full property. It is a form of foreign-invested enterprise, to which the relevant provisions for foreign-invested enterprises regarding national laws and regulations can be applied.

2.2.5 Investment Company

An investment company refers to a company engaging in direct investment that has been established by a foreign investor in China in the form of sole proprietorship or joint venture with Chinese investors as a limited liability company. Foreign investors who apply for the establishment of an investment company must have good credit and certain economic strength as follows: (1) The total assets of the investor(s) the year before the application should not be less than 400 million US dollars, and investors in China should plan to set up foreign-invested enterprises with a payment of registered capital of more than 10 million US dollars; (2) Foreign investors should have good credit and have the necessary economic strength to hold investment companies. The investor should have set up more than 10 foreign-invested enterprises in China, with the actual paid registered capital being more than $30 million US dollars.

When foreign investors gain approval to set up investment companies, foreign companies are empowered to operate across a wide range of business, including industrial, agricultural, infrastructure, energy, and other fields encouraged and permitted to invest in.

2.2.6 Venture Firm

Venture investment refers to investment in high-tech enterprises which have not yet gone public, provision of management, and other services obtaining capital gain. Foreign-invested venture firms are foreign-invested enterprises established in China in accordance with the Provisions on the Administration of Foreign-invested Venture Firms with venture investment the main operation. Investors are foreign investors, foreign investors and companies, enterprises, or other economic organizations incorporated under Chinese law.

Venture firms can take the form of both unincorporated and incorporated organizations, and have joint or group liability when taking the form of an unincorporated organization. At the same time investors can make deals with the venture firm's contract, for example when an unincorporated venture firm's assets are not enough to pay off any debt, the investors who have engaged in venture capital investment need to bear joint or group liability, and the other investors shall assume limited liability according to the proportion of their investment.

To set up venture capital enterprises, there is limitation on the number of investors—more than 2 but less than 5, with at least one necessary investor taking venture capital investment as their main business and meeting any other requirements; there is also limitation on the amount of subscribed investment—unincorporated should be at least $10 million and incorporated $5 million. In addition to the necessary investors, the minimum subscription investment for other investors should not be less than $1 million. Foreign investors contribute in freely convertible currencies, and Chinese investors contribute in Renminbi.

2.2.7 Sino-foreign Cooperative Development

Sino-foreign cooperative development means that Chinese companies and foreign companies sign a contract of risk to cooperatively develop offshore and onshore oil and mineral resources. It is a kind of economic cooperation currently widely used in the field of natural resources featuring a high risk, high input, and high yield. Cooperative development is generally divided into three phases including exploration, development and production.

2.2.8 BOT

BOT means that the investor signs a contract for an established industrial or infrastructure project in the investment country, and will be responsible for the construction, operation, maintenance and transfer of the project. The investor operates the facility within a fixed period of time and is allowed to recover its investment, operations, maintenance, and other expenses for the project within that period and can transfer the project to the government after the prescribed period has expired. In China, BOT is mainly applied in the establishment of companies in the highways, power plant, sewage treatment, and other such fields.

2.3 Business Registration

Company Law of the People's Republic of China is the main law of the market by which business establishment, activities, dissolution and other external relations must comply. The most recent company law was revised during the sixth session of the Standing Committee of the Twelfth National People's Congress On 28 December 2013, and came into effect on 1 March 2014. Twelve terms were amended in the version involving three aspects:

First of all, the registered capital registration system was turned into a subscription registration system. In the past, if the company shareholders (promoters) decided to set up a company, the full contribution had to be paid within two years from the date of the company's establishment, or if an investment company then within five years. For a single-person limited liability company, the shareholder shall pay the contribution in full at once. It has now changed to a way in which the shareholders of the company (the promoters) can specify in the contract the amount, method and deadlines for payment of the share of capital, and it can be written into the company rules. Other regulations on a company's registered paid-in capital according to law, administrative regulations, or commendation by the State Council will be given top priority.

Secondly, relaxing the conditions for the registration of registered capital lies in three aspects: (1) There are other regulations on the minimum registered capital, (2) Lift restrictions on the minimum registered capital of a limited liability company, one person limited liability company and Co., Ltd. which can't be less than 30,000 yuan, 100,000 yuan, or 5,000,000 yuan respectively. (3) The proportion of the first contribution by the shareholders (promoters) and the proportion of money contributed at the time of establishment has been limited.

And finally, simplifying the registration process and the registration documents. Payments of capital contribution by shareholders of the limited liability company and the company's paid-up capital are no longer counted as registered matters. It is not necessary to submit a capital verification report when the company does its registration.

2.4 Policies and Preferences

The following policies and preferences should be marked important when investing in China: 1. Industrial policies. 2. Regional policies. 3. Tax policy. 4. Finance and foreign exchange management. 5. The paid acquisition of land use right. 6. Staff recruitment, staff salaries, insurance benefits, working hours system.

2.4.1 Industrial Policies

In China, the government divides foreign investment projects into four categories: encouraged projects, permitted projects, restricted projects and prohibited projects. Encouraged, restricted and prohibited projects are listed in the Catalogue of Industries for Guiding Foreign Investment , which was revised in

2004, while permitted projects are not. Specific classification rules can be found in the Catalogue of Industries for Guiding Foreign Investment. Encouraged projects enjoy preferential treatment in accordance with the relevant laws and administrative regulations. For example, in the case of investment projects requiring large amounts of investment and a long payback period, such as construction, and the operation of energy, transportation, and urban infrastructure (coal, oil, natural gas, electricity, railways, highways, ports, airports, urban roads, sewage treatment, waste disposal, etc.), the relevant business scope can be expanded if approved. In the encouraged and restricted projects which can transfer technology, some of the non-automated machines imported within the total investment are exempt from import value-added tax. An exact equipment list can be viewed in the Catalogue of Imported Products concerning Foreign-invested Items Without Duty Exemption. In 1999, China implemented the strategy for developing the Western Region, where domestic and foreign-invested enterprises are encouraged to invest. The relevant government departments promulgated the Catalogue of Priority Industries for Foreign Investment in Central and Western China. In the most recent revision enacted in 2013, listed projects can enjoy the investment policies applied only to encouraged projects. According to Issues Concerning Enterprise Income Tax Related to Enhancing the Western Region Development Strategy, from 1 January 2011 to 31 December 2020, enterprises with industrial projects listed in Catalogue of Industries Encouraged to Develop in the Western Region as their main business, and whose income accounts for 70% of the total business income, can pay corporate income tax reduced by 15%.

2.4.2 Regional Policies

In order to better promote economic development, China implemented the Reform and Opening Up policy, establishing a number of special economic zones in coastal areas, mainly including:

1. China (Shanghai) Pilot Free Trade Zone

The State Council, the Ministry of Communications, the CSRC and the CBRC have introduced policies to promote the development of the China (Shanghai) Pilot Free Trade Zone.

2. Special economic zones, including Shenzhen, Zhuhai, Xiamen, Shantou, Hainan Island, Kashi and other special economic zones

In these special zones, the state and the provinces and cities where the special zones are located will enact some special policies and flexible measures, such as giving policy support in capital and tax, so as to attract foreign investment for local construction and development.

3. National New Districts, mainly including Shanghai's Pudong New Area, Tianjin's Binhai New Area, Chongqing's Liangjiang New Area, the Zhoushan Archipelago New Area in Zhejiang, the Lanzhou New Area in Gansu, the Nansha New District in Guangdong, and the Zhengdong New Area in Zhengzhou, Henan

Enterprises in these areas can obtain great support in policy and funding, etc.

4. National economic and technological development zones, border cooperation zones, and high-tech industrial development zones located in different provinces, municipalities and autonomous regions

The State Council and the Ministry of Finance introduced relevant policies to support these development zones in various aspects including land planning, infrastructure, project approval, financial policy, introduction of talent, etc.

5. Development policy in Western China

According to policy, investment, including foreign capital in central and western inland areas is encouraged and enjoys relevant preferential policies.

2.4.3 Tax Policy

1. Major taxes

The main taxes relating to foreign investors, foreign businesses and individuals in China (Including Hong Kong, Macao and Taiwanese compatriots) include: tariffs and import VAT on imported and exported goods according to customs tariff regulations, and relevant provisions including corporate income tax, personal income tax, circulation tax (including value added tax, consumption tax, business tax), land value added tax, stamp duty, travel license tax, city real estate tax, etc.

(1) Corporate income tax

Since January 2008, the income tax for foreign-invested enterprises and foreign companies establishing institutions and places of business for production and operations within the territory of China have been 25% of taxable income. For foreign enterprises in China not setting up institutions and places of business, while making profits (including dividends, interest, rent, royalties and other income), an imcome tax of 12% is to be paid.

(2) Value-added tax

The basic tax rate of any goods (including taxable services) when generating added-value in the course of circulation is 17%. The tax rate of grain, edible vegetable oil, tap water, books, newspapers, magazines, feed, fertilizer, pesticide, and agricultural machinery is 13%. Taxpayers refer to units and individuals who sell goods, provide processing, repairing, fitting, labor and import goods in China.

In 2011, the Ministry of Finance and the State Administration of Taxation jointly issued a pilot program to change Business Tax to Value-Added Tax. Two new low levels value-added tax were laid out, which stands at 11% and 6% respectively, and were added to the pilot area. The tax rate for leasing tangible movable property, etc. is 17%; transportation, construction and others is 11%; other parts of the modern service industry is 6% .

(3) Business tax

Business tax is a tax levied on the turnover of units and individuals that provide taxable services, transfer intangible assets, or sell real estate in China. In 2011, with the approval of the State Council, the Ministry of Finance, and the State Administration of Taxation jointly issued the pilot scheme changing business tax to value-added tax. As of 1 August 2013, the scheme had been implemented across the whole nation for trial. In May 2015, the scheme was applied to a final three sectors including Jian'an real estate, finance and insurance, and the life service industry (for which the value-added tax rate is tentatively set at 11%. In finance and insurance, and the life service industry it is 6%).

(4) Stamp duty

Stamp duty shall be paid in accordance with provisions after purchases and sales, processing, contracting, property leasing, cargo transportation, storage, loans, property insurance, technical contracts and transfer of property rights, business accounts, and rights permits in the territory of China. The stamp duty rate for different economic activities varies, with the lowest 500,000 and the highest thousandth. Rights permits and business accounts (not including accounts recording the condition of funds) are paid by item, 5 yuan each.

(5) Import and export duty

China's present average import tariff is 9.8%. Except for several resource commodities, China doesn't levy export duty on other exported commodities.

(6) Consumption tax

Units and individuals producing or being commissioned to process, or importing tobacco, wine, alcohol, cosmetics, skin care and hair care products, precious jewelry, jewerly grade jade, firecrackers, fireworks, gasoline, diesel, automobile tires, motorcycles, cars and other consumer goods are subject to a consumption tax. There are 14 different tax rates from the minimum of 3% to the maximum of 56%. Tax payable is calculated according to the amount of volume method, or computed by a value method.

(7) Deed tax

The recipient party (units and individuals) that transfer land and housing ownership is subject to a deed tax at a rate of 3%-5%.

(8) Urban real estate tax

Foreign-invested enterprises and foreigners need to pay an urban real estate tax for their housing ownership. There are two calculation methods: first, the tax is levied on the current property value minus 10% to 30% of the original value at an annual rate of 1.2%. The tax rate of the tax levied on the rent coming from renting property is 12%. Property tax is paid in installments on an annual basis.

(9) Travel tax

Foreign-invested enterprises shall pay a travel tax for ownership of vehicles and ships in accordance with the provisions of the Vehicle and Vessel Tax Law of the People's Republic of China and the attached Amounts of the Motor Vehicle and Vessel Taxes.

(10) Personal Income Tax

In accordance with the Individual Income Tax Law of the People's Republic of China and the Implementation of its Regulations, individuals with a domicile or without a domicile within China, but who have lived within the territory of China for one year shall pay personal income tax for income attained from within or outside China. Tax rate differs between individuals and the amount of income. Detailed regulations can be found in the Individual Income Tax Law of the People's Republic of China and Implementation of its Regulations.

All personal income, remuneration, royalties, interest, dividends, bonuses and so on are taxed at a flat rate of 20%. In addition there are other provisions as follows:

Income from author's remuneration is subject to income tax after a 30% deduction. For income from remuneration for personal services, the first 20,000 to 50,000 RMB is subject to 1.5 times payable tax and above 50,000 it will be subject to double payable tax.

For income from remuneration for personal services, royalties, and the lease of property, a deduction of 800 RMB is allowed for expenses if the amount received in a single payment is less than 4,000 RMB; for single payments of 4,000 RMB or more, a deduction of 20 percent is allowed for expenses. The remaining amount is taxed.

A taxpayer who earns income outside China will be given a deduction on their income tax paid abroad and the deduction will not exceed the payable tax on income obtained abroad.

2. Tax preference

There are lots of tax preferences for foreign-invested enterprises mainly in the following aspects:

(1) Preference for income tax in regional investment: tax incentives for special economic zones, tax incentives for coastal open cities (regional), tax incentives for economic and technological development zones, preferential treatment for high-tech industrial development zones.

(2) Newly-built productive foreign-invested enterprises with an operating period of more than 10 years shall be exempt from income tax for the first and second years from the first year it turns a profit, and from the third to fifth year income tax will be halved. Foreign-invested enterprises engaging in agriculture, forestry, and animal husbandry, and those investing in underdeveloped remote areas can enjoy a corporate income tax reduction of 15% to 30% for ten years upon approval by the taxation department of the State Council, after their tax exemption and reduction according to the above two provisions has expired.

(3) Tax incentives for basic industries: foreign-invested enterprises investing in the energy and transportation industry are not limited by regional restrictions and enjoy a corporate income tax reduction of 15%.

(4) Tax rebates for reinvestment: for a foreign investor from an foreign-invested enterprise, profits obtained from the enterprise can be re-invested to increase the registered capital, or used as capital investment to start other foreign-invested enterprises. For enterprises that have operated for no less than 5 years, 40% of income tax paid and reinvested are entitled to a rebate upon application and approval by tax authorities (local income tax is not included in the rebate).

Export enterprises or advanced technology enterprises in China which have received reinvestment funds by foreign investors in order to set up or expand, as well as infrastructure projects and agriculture development businesses invested in by foreign investors with profits from enterprises within the Hainan Special

Economic Zone, who have an operating period of no less than 5 years, could have all of their reinvestment corporate income tax returned upon application and approval by the tax authorities. However, if the enterprises set up or expanded using foreign investors' reinvestment funds haven't met product export enterprise standards 3 years after the beginning of production or haven't continued to be recognized as advanced technology enterprises, the enterprises should pay back the 60% tax refund.

(5) Preferential treatment for setting up encouragement: after the tax exemption and reduction period expires, export enterprises established using foreign investment are allowed to pay tax at half rate according to relevant taxation laws as long as their export output values are more than 70% of the total. However, for export enterprises in Special Economic Zones and Economic and Technological Development Zones that need to pay an income tax of 15%, who meet the above conditions while their tax rate is less than 10% after having been halved, will pay tax at a rate of 10%. For advanced technology enterprises set up with foreign investment, their period of paying half tax could be extended for another 3 years if they are still advanced technology enterprises after the tax exemption and reduction period ends.

(6) A longer period of preferential treatment like the tax exemption and reduction will be granted to energy, transportation, ports, docks, and other important productive or nonproductive projects.

(7) Profits earned by a foreign investor from an enterprise with foreign investment are exempt from the withheld income tax.

(8) Foreign-invested enterprises are exempt from urban construction tax and additional education fees.

2.4.4 Finance and Foreign Exchange Management

Since the Reform and Opening Up policy, a financial institutional system has gradually formed with the People's Bank of China as the core, state-owned commercial banks as the main body, and a variety of other institutions coexisting through division of business and cooperation. China's financial regulation is achieved through the central bank's monetary control management means that are able to adjust the financial market. China is now implementing a managed floating RMB exchange rate, based on market supply and demand, with reference to a basket of currencies for regulation. Renminbi is often freely convertible within a current account, while the exchange of foreign currency is still strictly managed within financial and capital accounts. The system for exchange settlement and sales is implemented upon foreign exchange receipts and payments, and a system of verification is implemented upon import and export receipts, and foreign exchange payments.

2.4.5 The Onerous Land Using Rights

Land in China is owned by the state. The onerous using system of land for state-owned land is adopted in China according to law. Foreign-invested enterprises can obtain land rights with a fee or through term use. Land right can be transferred by signed agreement, invitation to tender, or auction. Foreign-invested enterprises can also obtain land rights through transfer and lease. According to existing laws and regulations the maximum length for land rights are as follows: 70 years for residential land; 50 years for industrial, education, science and technology, culture, health, and sports; 40 years for commerce, tourism, entertainment; 50 years for comprehensive or other. Foreign-invested enterprises get land rights upon application in accordance with the relevant procedures and payment of the relevant costs.

2.4.6 Staff Recruitment, Salaries, Insurance Benefits, Working Hours System

Staff recruitment: Foreign-invested enterprises can decide how to manage their own staff recruitment in line with production and operating needs according to Labor Law of the People's Republic of China and other regulations. They can also recruit through a variety of channels, such as agencies approved by the local labour department. The recruitment of foreigners and staff from Taiwan, Hong Kong and Macao requires approval by the local labor department according to the relevant provisions of the state and the application for work permits and other related procedures.

Staff salaries: The board of directors determines staff salaries according to economic efficiency, labor productivity, and the local urban residents' consumption price index and wage guidance line, as well as the Labour Law of People's Republic of China, and local minimum wage provisions of the state.

Insurance benefits: Foreign-invested enterprises must participate in a social insurance scheme for old-age care, unemployment, medical care, work-related injury, and childbirth, in accordance with the relevant provisions, and pay the premiums in full and on time according to the standards set by local government. The premium paid is set by the state. Individuals must also contribute to their insurance in accordance with the relevant provisions. In addition to social insurance, there are other benefits including housing funds, staff education and training, subsidies, and statutory leave, etc.

Working hours system: Foreign-invested enterprises must implement the Current working hours system: daily working hours of not more than 8 hours, and an average weekly total of not more than 40 hours. For enterprises which are not able to carry out standard working hours due to special production characteristics, a non-standard working hours system can be implemented, namely, the Irregular Working Hours System, and the Comprehensive Calculation Working Time System, if approved by the labor department.

2.5 China Border Economic Cooperation Zones

China is adjacent to a number of countries; in the northeast to North Korea, in the northeast and northwest to Russia, Kazakhstan, Kyrgyzstan, and Tajikistan. It neighbors Mongolia to the north, Afghanistan and Pakistan to the west, India, Nepal, and Bhutan to the southwest, Burma, Laos and Vietnam to the south. A diverse geographical environment not only affects political and cultural exchanges between China and its neighboring countries and regions, but also allows for transnational economic development cooperation.

Since 1992, China has been implementing a strategy of opening-up along the border where 14 cities have been approved as opening-up cities by the State Council including Heihe, Suifenhe, Hunchun, Manchuria, Erenhot, Yining, Bole, Tacheng, Wanding, Ruili, estuary, Pingxiang, Dongxing and Dandong. At the same time, 16 Border Economic Cooperation Zones have been set up and are listed in the table below. With the establishment of these zones, the designated cities can make full use of the resources, technology and market advantages of their neighboring countries or regions in order to develop border trade and increase the processing of exports, thus promoting local economic and social development.

Inner Mongolia	Manchurian Border Economic Cooperation Zone, Erenhot Border Economic Cooperation Zone
Liaoning	Dandong Border Economic Cooperation Zone
Jilin	China Tumen River Region (Hunchun) International Cooperation Demonstration Zone
Heilongjiang	Heihe Border Economic Cooperation Zone, Suifenhe Border Economic Cooperation Zone
Xinjiang	Yining Border Economic Cooperation Zone, Bole Border Economic Cooperation Zone, Tacheng Border Economic Cooperation Zone, Jimunai Border Economic Cooperation Zone
Guangxi	Pingxiang Border Economic Cooperation Zone, Dongxing Border Economic Cooperation Zone
Yunnan	Wanding Border Economic Cooperation Zone, Hekou Border Economic Cooperation Zone, Ruili Border Economic Cooperation Zone , Lincang Border Economic Cooperation Zone

The sixteen Border Economic Cooperation Zones have different characteristics due their geographical location.

The six Border Economic Cooperation Zones in Inner Mongolia and the northeast region (Manchurian Border Economic Cooperation Zone, Erenhot Border Economic Cooperation Zone, Dandong Border Economic Cooperation Zone, China Tumen River Region (Hunchun) International Cooperation Demonstration Zone) geographically border the eastern part of Russia and North Korea. Their trade cooperation focuses on timber processing, the import and export of mineral resources (on which trade ports are formed), and helping extend the trade cooperation to South Korea, Japan and other countries.

The four Border Economic Cooperation Zones in Xinjiang (Yining Border Economic Cooperation Zone, Bole Border Economic Cooperation Zone, Tacheng Border Economic Cooperation Zone, Jimunai Border Economic Cooperation Zone) are adjacent to Western Russia and Kazakhstan, and extending westward to Eurasia, have become important cooperative areas for trade exchanges in Central Asia. Xinjiang, rich in natural resources, where agriculture and animal husbandry products for trade are concentrated upon, has vigorously developed its coal and electrical chemical industry, building materials industry, light industrial products processing industry, and manufacturing in recent years.

Located in the the southwest of China, the two Border Economic Cooperation Zones in Guangxi Province (Pingxiang Border Economic Cooperation Zone, Dongxing Border Economic Cooperation Zone) and the four in Yunnan Province (Wanding Border Economic Cooperation Zone, Hekou Border Economic Cooperation Zone, Ruili Border Economic Cooperation Zone, Lincang Border Economic Cooperation Zone) are excellently located on the border with Vietnam and Burma. With the efforts of all parties, the Border Economic Cooperation Zones have developed into a trade corridor between China and Vietnam, China and Myanmar, and then an economic and trade cooperation hub between China and other Southeast Asian countries. In terms of natural environment, the Border

Economic Cooperation Zones in Guangxi and Yunnan have a typical subtropical monsoon climate and fertile land, making it a naturally perfect place to grow various crops and forests. In recent years, the cooperative zones have gradually pursued product innovation and technological transformation, and vigorously developed new industries with high value such as deep processing of mineral products, biological resources processing, and import and export.

2.5.1 Border Economic Cooperation Zones in the Northeast Region

1. Manchurian Border Economic Cooperation Zone

The Manchurian Border Economic Cooperation Zone is located in the east of Manchuria in Inner Mongolia, on the border of China and Russia. It was set up under the approval of the Special Zone Office of the State Council through the 49th Official Reply of the Establishment of the Manchurian Border Economic Cooperation Zone in 1992 with an original planning area of 6.4 square kilometers. After 20 years of development, it has a current area of 70.1 square kilometers from in the west (south of the railway for the Manxi Highway, Beitun for the Century Avenue, Wuda Street for the TV) to Dayong Mountain in the east, from the northern border to Nan Mountain in the south, with Dongshan Street Office, South Area Street Office and Manchuria importing resources processing park under the outside jurisdiction and a population of 10 million, they have become the main industrial areas, commercial areas and residential areas of Manchuria. Relying on its own geographical advantages and the resources of foreign neighboring areas, the Manchuria Border Economic Cooperation Zone has focused on the development of the timber processing processing industry, the vegetable and fruit exports warehousing and logistics industry, and on emerging business tourism, etc. So far, the zone has developed with increasingly improved urban infrastructure and industrial strength. On the basis of that, creation of the Manchuria Import Resource Processing Park, which is the key industrial park and circular economy demonstration park of the Inner Mongolian Autonomous Region was approved in July 2003. With timber imported from Russia, it introduced more than 100 wood processing enterprises, enabling the capacity of timber processing to reach 7 million cubic meters. At the same time, the rapid development of processing industries based on imported timber has promoted the development of the service industry, leading to a quick gathering of warehousing and logistics based on the export of vegetables and fruit and the emerging business tourism services industry in the economic zone. There are 36 warehousing and logistics enterprises in this zone, with a combined storage area of 110,000 square meters. In conclusion, the Manchurian Border Economic Cooperation Zone has brought great vitality and development potential to Manchuria's economy.

2. Erenhot Border Economic Cooperation Zone

Creation of the Erenhot Border Economic Cooperation Zone, located to the northwest and east of Erenhot, was approved by the State Council in 1993. It has an area of 26 square kilometers, of which 12 square kilometers have been developed so far. With an excellent location and convenient transportation, it is divided into two function zones: an export processing zone that focuses on processing exported goods, business, trade, and tourism services; and a port processing zone which processes timber, minerals, construction materials, and coal resources; it is also a railway logistics site. The Erenhot Border Economic Cooperation Zone has created stable long-term economic and trade exchanges with domestic and foreign markets, mainly by using Mongolia and Russia's natural resources to develop an industry chain based on export resource processing. Developing over the years from wood processing, it has gradually turned to the processing of integrated materials (planing, flooring, wooden puzzles, and comprehensive wood waste recycling). In iron ore processing it has continued its technological innovation, improved the production process, and built a solid waste treatment center for unified and centralized disposal and recycling, in order to promote the transformation of and the upgrading of the port processing enterprises, and to lead society towards environment friendly economic development.

3. Dandong Border Economic Cooperation Zone

Creation of the Dandong Border Economic Cooperation Zone was approved by the State Council on 7 July 1992. Dandong has an excellent location with the Yellow Sea to the south, and the Yalu River of North Korea to the east. Through Dandong Port, 70% of trade between China and North Korea transits. It also borders the group of cities in the eastern part of the Northeast, and is regarded as the first port choice for exporting iron, coal, and timber. By the end of 2017, 1443 Chinese and foreign enterprises from 20 countries and regions have settled in the Dandong Zone. This has helped with the initial formation of various industries (machinery manufacturing, electronic information, bio-pharmaceuticals, the modern clothing and textile industry, modern food processing, and the modern service industry) at the Yalu River Bridge Business and Trade Tourism area, Jianwan Modern Industrial Park, Jinquan Hi-Tech Park, Wen'an International Business District, and Lingang Industrial East Zone. It has also helped in building the 50-kilometer open belt along the Yalu river, from the China-North Korea Friendship Bridge in the east, to Dadong Port. The future development goals of the Dandong Border Economic Cooperation Zone will not be confined to an industrial zone, instead it will work on growing into a new urban area, integrating industrial processing, logistics, commerce, housing, tourism and leisure, striving to become an economic growth point with strong competitiveness in the northeast's eastern side. (Refer to the website of the Dandong Border Economic Cooperation Zone and the website of the Ministry of Commerce.)

4. China Tumen River Region (Hunchun) International Cooperation Demonstration Zone

China Tumen River Region (Hunchun) International Cooperation Demonstration Zone covers an area of 90 square kilometers including the International Industrial Cooperation Zone, the Border Trade Cooperation Zone, the China-North Korea Hunchun Economic Cooperation Zone and the China-Russia Hunchun Economic Cooperation Zone. The setting of this Demonstration Zone marked a new stage for international cooperation in the Tumenjiang area and the development and opening up of Hunchun. The Demonstration Zone was set up with Hunchun at the centre. Hunchun Border Economic Cooperation Zone, located at the eastern foot of Changbai Mountain and downstream of Tumen River, has an excellent location adjacent to Russia and North Korea, and is the only national level development zone in China integrating Border Economic Cooperation, Export Processing, and Sino-Russian Trade Zones. It is connected to North Korea, Russia, South Korea, and Japan by sea, and after many years has created a prosperous condition where the Japanese Industrial Park, South Korean Industrial Park, Russian Industrial Park and Jigang Industrial Park thrive together. Thus, the Demonstration Zone is not only an important corridor for trade among the five countries, but supports a comprehensive transportation hub and business and logistics center for Northeast Asia.

5. Heihe Border Economic Cooperation Zone

Creation of the Heihe Border Economic Cooperation Zone, a National Border Economic Cooperation Zone, was approved in 1992 by the State Council. It focuses on developing economic and trade cooperation with Russia and export industries. With an original area of 7.63 square kilometers, the total area has expanded to 41.57 square kilometers. It now includes the Emerging Basic Raw Materials Processing Zone, the Southwest Industrial Zone, the Gisda International Logistics Zone, the Petrochemical Industrial Area and the Heilongjiang Bridge Qiaotou District. Known to all across China, Heihe is famous for business and tourism. Also in this zone is the Xiaoxing'anling region, rich in resources, located across the river from Blagoveshchensk the third largest city in the Russian Far East and capital of Almu.

6. Suifenhe Border Economic Cooperation Zone

Creation of the Suifenhe Border Economic Cooperation Zone was approved by the State Council in March 1992 and had an original area of 21.5 square kilometers. After 20 years of development, 312 enterprises have entered the zone with assets of 3.424 billion yuan and infrastructure investments of 2.049 billion yuan. Geographically, the zone is 4 kilometers away from the urban area of Suifenhe, bordering the Bonded Area and Central Forest Park to the east, and the National Forest Park to the west. Processing of wood for construction, food processing, garment processing, equipment manufacturing, and modern logistics services are regarded as the main industries in this zone.

2.5.2 Border Economic Cooperation Zones in Xinjiang

1. Yingning Border Economic Cooperation Zone

Creation of the Yingning Border Economic Cooperation Zone, a National Border Economic Cooperation Zone, was approved by the State Council in 1992. Enjoying the advantages of location, policy and environment, the zone is located in the western suburbs of Yining, which is a famous city on the northern frontier. National Highway 218 traverses its north and the Ili River flows across its south. There are three main sectors in the zone including light industry, commerce and real estate, encompassing building materials, textiles, agriculture, bio-pharmaceuticals, machinery and equipment manufacturing, furniture and small household appliances.

2. Bole Border Economic Cooperation Zone

Creation of the Bole Border Economic Cooperation Zone was approved by the State Council in 1992 as one of the 14 National Border Economic Cooperation Zones in China. Located in Bole, Xinjiang, and based around unban construction, the zone boosts convenient infrastructure and transportation. It is divided into four function areas including industry, business, warehousing and living, with a usable area for development of 7.83 square kilometers.

3. Tachengshi Border Economic Cooperation Zone

Creation of the Tachengshi Border Economic Cooperation Zone was approved by the State Council in 1992 as one of the 14 National Border Economic Cooperation Zones in China, and has an area of 6.5 square kilometers. The zone adjoins the urban area of Tacheng to the east, has the border checkpoint to Kazakhstan on its western edge, and is 8 kilometers away from first-class Baketu

Port. The zone is the shortest distance to a land port in China and is divided into six function areas (China-Kazakhstan Green Agricultural and Sideline Products Trading Market, export processing, high-tech, business hub, warehousing, residential). The port highway passes through, forming a three-in-one economic development pattern integrating city, cooperative district, and port.

2.5.3 Border Economic Cooperation Zones in Guangxi Province

1. Pingxiang Border Economic Cooperation Zone

Creation of the Pingxiang Border Economic Cooperation Zone was approved by the State Council in 1992. It is located in the south of Pingxiang, Guangxi, and has an area of 7.2 square kilometers. It is 168 kilometers away from Hanoi and 8 kilometers away from Youyiguan Port, which is convenient for connection to the Vietnam National Railway Road. Adjacent to Vietnam and facing the ASEAN Free Trade Area, Pingxiang acts as a land bridge connecting China and the ASEAN. Three industrial parks are planned for the District: Nanshan Industrial Park based on export processing, Bakou Industrial Park based on manufacturing and Dawangong Industrial Park based on production of building materials. Nanshan Industrial Park is now complete and regards Vietnam and the ASEAN as its main target market and prioritises high-tech, import and export processing, and private enterprises. Enterprises there so far include refrigerated fruit storage factories, electronics factories, and environment friendly building materials factories.

2. Dongxing Border Economic Cooperation Zone

The Dongxing Border Economic Cooperation Zone was approved by the State Council in 1992. It boasts unique geographical advantages, not only from bordering Vietnam but also for its comprehensive infrastructure and 50 kilometer coastline. Small trade in the border areas, and bartering between border inhabitants are the two main forms of trade in the Dongxing border area where there are also four professional markets： a seafood market, textile market, building materials market, and an agricultural products market, which has trade, supervision, logistics, and warehousing functions. At Dongxing Port the goods exported includes textile products such as cloth and clothing, household electrical appliances such as electric fans, washing machines, refrigerators and rice cookers, building materials products such as tiles, food such as canned goods, biscuits and beer, machinery and equipment such as motorcycles, bicycles, and diesel engines. Imported goods mainly include agricultural and sideline products, industrial raw materials, and seafood, such as bananas, mangoes, mung beans, sesame seeds, peanuts, tea, coconut oil, wood, furniture, coal, ore and rubber. (refer to the website of the Ministry of Commerce)

2.5.4 Border Economic Cooperation Zones in Yunnan Province

1. Wanding Border Economic Cooperation Zone and Ruili Border Economic Cooperation Zone

The Wanding Border Economic Cooperation Zone and the Ruili Border Economic Cooperation Zone are under the jurisdiction of the government of Ruili which is the economic and trade center on the border of China and Burma, as well as one of the trade exchange channels between China and Southeast Asia. They border Burma in the northwest, southwest and southeast, and boast convenient transportation. With planned infrastructure, the district was designed to facilitate trade exchange between China and neighboring countries. With full use of the materials and markets of the two countries, it aims to promote business cooperation based on export processing and guided by the development of agricultural and tourism resources.

2. Lincang Border Economic Cooperation Zone

Construction of the Lincang Border Economic Cooperation Zone, which was previously called the Gengma (Mengding) Border Economic Cooperation Zone began on 20 December 2011. Its area is 3.47 square kilometers, and it is divided into three zones including Mengding Core Park, Nansan Park, and Yonghe Park. It is the fourth National Border Economic Cooperation Zone of Yunnan after the Ruili

Border Economic Cooperation Zone, Wanding Border Economic Cooperation Zone, and Hekou Border Economic Cooperation Zone.

2.6 China (Shanghai) Pilot Free Trade Zone

2.6.1 Brief Introduction of China (Shanghai) Pilot Free Trade Zone

The China (Shanghai) Pilot Free Trade Zone is located in Shanghai. It was established on 29 September 2013 marking that China's new round of reform and opening up was about to start.

As the first free trade zone in mainland China, the China (Shanghai) Pilot Free Trade Zone is a new experimental area of China's economy as it strives to become a free trade zone with an international level of investment, free currency exchange, efficient regulatory, and standard legal environment. The reproducibility and generalizability are highlighted in the policies and experience of the Shanghai FTA, which covers 4 special customs supervision areas including the Shanghai Waigaoqiao Bonded Area, Waigaoqiao Bonded Logistics Park, Yangshan Bonded Port Area, and Shanghai Pudong Airport Comprehensive Bonded Area. The Standing Committee of the National People's Congress authorized the State Council to expand the area of the China (Shanghai) free trade pilot on 28 December 2014 to 120.72 square kilometers.

Waigaoqiao Free Trade Zone, the first free trade zone in China, was established under the approval of the State Council in June 1990 and covers an area of 10 square kilometers. After 20 years of development, it has become a special customs supervision area with the largest economic scale and the richest functionality, as well as China's first "National Demonstration Zone for Promotion and Innovation of Import Trade". Waigaoqiao Free Trade Zone includes ten business trades: wine, watches, automobiles, engineering machinery, machine tools, medical equipment, biomedical, health products, cosmetics, and cultural products. The cultural trade platform here was granted the title of China's first "National foreign cultural trade base" by the Ministry of Culture.

Waigaoqiao Bonded Logistics Park, the first Bonded Logistics Park in China, was established under the approval of the State Council in December 2003 and covers an area of 1.03 square kilometers. As the country's first pilot area implementing "regional port linkage", it enjoys the bonded area advantages, export processing zones, and port resources of Shanghai. Relying on linkage between parks, tax rebate for those in the park, and other policies, the bonded logistics park is an important base for the development of modern international logistics, complementing the Waigaoqiao Free Trade Zone in joint development.

Yangshan Bonded Port Area is China's first bonded port area. Established under the approval of the State Council in June 2005 and approved for expansion in January 2012, it has a total planning area of 14.16 square kilometers. It consists of Yangshan Port, and Donghai Bridge connecting Yangshan Island to the land. The regulatory and operational mode of "integration of the zone and neighboring ports" is applied in Yangshan Bonded Port area, which is the core carrier of Shanghai International Shipping Development Experimental Zone's gathering distribution centers for communications and electronic products, automobiles and components, high-grade food, and brand clothing, etc. The distribution base here is Europe and the United States. It is a commodity industry base and import trade base for the domestic market. Leading shipping enterprises are based here.

Pudong Airport Comprehensive Bonded Zone was set up in July 2009 having been approved by the State Council to have an area of 3.59 square kilometers, and where within the Bonded Logistics Area and the west freight area are integrally operated. It is the leading area for the airport service industry development in Shanghai, and takes advantage of the Asia Pacific Aviation complex Hub Port. Well-known multinational companies have air distribution centers here for electronic products, medical equipment, and high-end consumer goods, and more than 100 financial leasing projects have been introduced. UPS, DHL and FedEx, the major three global express companies are based here, and a number of key functional projects are starting up, thus an airport function service industry chain has been formed, consisting of the Asia-Pacific distribution center, financial leasing and express transit center, and high-end consumer goods bonded exhibition, etc.

2.6.2 Main Policies Implemented in China (Shanghai) Pilot Free Trade Zone

(1) Notice of the State Council on Issuing the Framework Plan for China (Shanghai) Pilot Free Trade Zone.

(2) Notice of the Ministry of Culture on Implementing Policies for the Administration of the Cultural Market in China (Shanghai) Pilot Free Trade Zone.

(3) Notice of the China Banking Regulatory Commission on Issues concerning Banking Supervision in China (Shanghai) Pilot Free Trade Zone.

(4) China Securities Regulatory Commission: Several Policies and Measures for the Capital Markets to Support and Promote China (Shanghai) Pilot Free Trade Zone.

(5) Eight Measures of the China Insurance Regulatory Commission for supporting the China (Shanghai) Pilot Free Trade Zone.

(6) Several Opinions of the State Administration for Industry and Commerce on Supporting the Construction of China (Shanghai) Pilot Free Trade Zone and policy interpretation.

(7) Implementation Opinions of the Ministry of Transport and the Shanghai Municipal People's Government on Implementing the Framework Plan for China (Shanghai) Pilot Free Trade Zone and Accelerating the Construction of Shanghai International Shipping Center.

(8) Import Tax Policies for the China (Shanghai) Pilot Free Trade Zone

(9) Special Measures for Management in Access of Foreign Investment to China (Shanghai) Pilot Free Trade Zone.

(10) Notice of the Shanghai Administration for Industry and Commerce on Issuing the Provisions on the Administration of Enterprise Registration in China

(Shanghai) Pilot Free Trade Zone.

(11) Measures for the Recordation Administration of Overseas Establishments of Enterprises in China (Shanghai) Pilot Free Trade Zone.

(12) Measures for the Recordation Administration of Foreign-invested Enterprises in China (Shanghai) Pilot Free Trade Zone.

(13) Measures for the Recordation Administration of Overseas Investment Projects in China (Shanghai) Pilot Free Trade Zone.

(14) Measures for the Recordation Administration of Foreign-invested Projects in China (Shanghai) Pilot Free Trade Zone.

2.7 Other New Free Trade Zones

Another three free trade zones were established after the China (Shanghai) Pilot Free Trade Zone: China (Guangdong) Pilot Free Trade Zone, China (Tianjin) Free Trade Zone, China (Fujian) Pilot Free Trade Zone.

2.7.1 China (Guangdong) Pilot Free Trade Zone

The State Council decided to set up the China (Guangdong) Pilot Free Trade Zone in December 2014. It covers 152.2 square kilometers and includes four areas: Guangzhou Nansha New Area (Guangzhou Nansha Free Trade Zone), Shenzhen Qianhai Shekou Area (Shenzhen Qianhai Shekou Free Trade Zone), Zhuhai Hengqin New Area (Zhuhai Hengqin Free Trade Zone), and the Shantou Bay New Area (Shantou Overseas Chinese Economic and Cultural Cooperation Experimental Zone). The mission of the zone is to deeply integrate with Hong Kong, Macao, and Taiwan.

Nansha New Area will open to the world, first in the realm of construction through investment. It will focus on the development of productive services, shipping logistics, special finance, and high-end manufacturing, so as to build a comprehensive service hub to an advanced level, and will serve as an international gathering place for high-end productive service elements.

The Qianhai Shekou Area will rely on the in-depth cooperation between Shenzhen and Hongkong and feature international financial opening and innovation. It focuses on the development of science and technology services, information services, modern finance, and other high-end service industries, to build a model test window for China's financial industry, and to be an important base for world trade in services and an international hub port.

The Hengqin New Area will rely on the in-depth cooperation between Guangdong and Macao, and focus on the development of tourism, leisure and health, culture, science, education, high technology, and other industries. It will play the role of promoting the moderately diversified development of Macao's economy as a new carrier and new height, helping it be built into a cultural and educational open pilot area and an international business services leisure and tourism base.

The Shantou Overseas Chinese Economic and Cultural Cooperation Experimental Zone has been entrusted with the great mission of constructing the 21st-century Maritime Silk Road (or Belt and Road Initiative), of trying to comprehensively explore, deepen reform, and expand "opening up" in the new era. It should be clear that in focusing on collaboratiion, innovation and services, a platform needs to be built for the development and innovation of overseas Chinese, for centers of cross-border financial services, international procurement trade logistics, tourism and leisure, as well as for overseas Chinese cultural exchange and promotion. Cross-border finances, business exhibition, resource and energy transactions, cultural innovation, tourism and leisure, education and training, medical services, information, marine and other dynamic urban industrial systems are to be vigorously developed.

2.7.2 China (Tianjin) Free Trade Zone

The decision to establish the China (Tianjin) free trade zone was made on 12

December 2014. It has a total area of 119.9 square kilometers and mainly covers three functional areas including the Tianjin Port Area, Tianjin Airport Area, and Central Business Area of Binhai New Area. As the first free trade area in the north, Tianjin's strategic positioning will be linked to the development of Beijing-Tianjin-Hebei. On the basis of learning and copying Shanghai's experience, the characteristics of Tianjin will be focused upon including the use of institutional innovation to serve the economy; utilising opportunity within the "Belt and Road Initiative" to serve and promote the Circum-Bohai Sea economy; and highlighting shipping and formulating shipping taxation, shipping finance, etc.

2.7.3 China (Fujian) Pilot Free Trade Zone

The decision to set up the China (Fujian) Pilot Free Trade Zone was made by the State Council on 12 December 2014. It includes the Fuzhou Area (31.26 square kilometers), Xiamen Area (43.78 square kilometers) and Pingtan Area (43 square kilometers) and has a total area of 118.04 square kilometers. Its focus is deepening cross-strait economic cooperation.

Guided by "Opening up to Taiwan" and "All-round Cooperation", the China (Fujian) Pilot Free Trade Zone's intention is to first try to respond to the investment access policy, taking facilitation measures for trade of goods and opening up the service industry, taking the lead in realizing the liberalization of goods and services trade in the region.

Chapter 3 Choices of Industry for Foreign Investment

3.1 Catalogue of Industries for Guiding Foreign Investment (2015 Revision)

China is a vast country with widely distributed resources and a complete category of industry. Before overseas investors invest in China, the first thing they need to consider is how to choose an industry that matches their own strengths and also has good prospects for development. In recent years there have been comments on the deterioration of China's investment environment by the international community, which can be contributed to the removal of industries where the comments come from out of the bonus policies, coupled with an increase in labor and land costs (the cause here being economic development and industrial agglomeration, leading to them falling from "super-national treatment" to "national treatment", the same as foreign capital.) The psychological gap further worsen the comments. However, the fact is that foreign investors have misjudged the situation and made efforts incorrectly when coming to China. To help avoid this, foreign investors need to make adequate, full, and forward-looking preparations before choosing an industry, not only to meet the needs of their own business development, but also for the benefit of Chinese society, and mutual benefit.

It is clear that before entering business in China it is necessary for industries to carefully read the Catalogue of Industries for Guiding Foreign Investment (2015 Revision), which has been revised for the sixth time this year with the largest change in its history. Some of the newly added entries fully reflect the current age background and conform to the economic situation. Through reading the catalogue, overseas investors can overview the whole picture of Chinese industries and come to understand fairly well about the policy support of industry development and the restricted areas. At present, after China's accession to the WTO, and the urgent need for reform and opening up, a multi-party effort is needed to further expand openness and improve the domestic investment system. Meanwhile, a virtuous circle around the domestic investment environment is gradually being formed which is significantly positive for foreign investors.

In order to clearly show industry feasibility, all industries have been divided into encouraged, restricted and prohibited categories in the Catalogue of Industries for Guiding Foreign Investment, industries not in the catalogue being allowed industries. In order to give foreign investors a clear understanding of China's investment environment, encouraged industries will be focused on here. These industries do not only have good development prospects and large market demand, but also enjoy many bonus policies in the process of their development. Throughout the catalogue, it can be seen that the 2015 revision increased the amount of foreign investment as it aimed to improve the utilization rate of resources and environmental protection in the industries of new energy, new technologies, new products, comprehensive development, resource utilization, environmental protection and so on. These aims are more frequently mentioned in the manufacturing, service, and agricultural markets, the most advantageous areas for foreign investment.

3.1.1 Manufacturing

In simple terms, Catalogue of Industries for Guiding Foreign Investment involves agriculture, forestry, animal husbandry, mining, manufacturing, transportation, electricity, fire ground and so on. According to statistics, in recent years the manufacturing industry has topped the list of all the industries attracting foreign investment, which, to a large extent, promotes the improvement of China's manufacturing technology and management level, but also advertises making an investment in China. Although the price of labor resources and land resources in China is gradually losing its advantages, there are still gaps in the prices in different regions. Thus, considering the cost, overseas investors can turn their eyes from the southeast coastal areas to new investment hotspots, the northeast and inland areas where labor is cheap and preferential policies can be enjoyed.

3.1.2 Agriculture, Forestry, Husbandry and Fishery

China has been an agricultural country since ancient times. It is rich in agricultural resources, which, coupled with the rich labor force and high market demand have domestic agricultural production enjoying a unique advantage. Therefore, foreign investment in the agricultural products system in China will be encouraged by preferential policies, including utilization of new technologies, such as ecological species breeding, genetically modified agriculture, and the planting and development of edible wood oil, and spices. Raw materials will be prioritized in encouraged industries, due to the existence of relatively cheap labor and a rich consumer market. The agricultural market is a hot investment choice for foreign investors with a booming demand for agricultural raw materials like edible wood oil.

But China's lack of advanced cultivation and production technology, and the high cost and low efficiency of market flow has led to a lack of distinctive products and brands. For foreign investors, their investment can be advantageous for the status of China's agricultural products market. At the same time, taking into account population layout, transportation, and geography, they can establish a self-contained agricultural products circulation system with their own advanced management experience and production technology. This will save resources, protect the environment, increase profits, improve reputations, and lay a solid foundation for the long-term development of enterprises. In addition, due to the inherent malpractice of the domestic agricultural products market, agricultural market system reform is imminent, and E-commerca commercialization, agricultural informatization, and circulation standardization will become inevitable trends.

3.1.3 Mining Industry

For foreign investors, the mining industry is also a key industry for investment. Especially in the face of the global energy shortage, skyrocketing and fluctuating energy prices, rational utilization and development of unconventional energy have already had economic feasibility studies and wide range of social benefits conferred upon them. Therefore the exploration and development of oil, natural gas, shale oil, oil sands, shale gas, coal bed methane, and other unconventional oil and gas are given great importance in the catalogue, being at the top of the list of encouraged entries in the mining industry. Coupled with the reality that China's domestic exploration and development technology is still lagging behind the international level, the introduction of foreign capital and technology into the mining industry is really welcomed by Chinese and foreign investors.

3.1.4 Service Industry

For a long time, the service industry has experienced a deficit in China's international trade, which means that high-tech services, the value-added finance service, insurance services, consulting services, and others are often left just having to make ends meet. The development of a high-quality service industry is an aspiration of all parties with the ever increasing and diverse needs of the domestic market. But with limited domestic experience it is inevitable that overseas investors investing in the service industry will undertake outsourcing. Therefore service outsourcing will be accepted for encouraged categories accepting foreign investment in the 2015 version of the catalogue. Meanwhile, to encourage entrepreneurship and innovation at a state level, venture capital enterprises and intellectual property services are strongly encouraged to provide a good cultural and legal environment for foreign investors to invest in China.

In addition, the Chinese government also encourages industries including transportation, warehousing and postal services, wholesale and retail trade, and leasing and business services. To respond to the ever-changing international environment "opening up" is increasing. The deterioration of China's investment environment disputed by international investors is caused by foreign investors' disagreement over 'national treatment' and market access standards in China. The situation has been fully clarified in the 2015 Revision. Many industries have greatly relaxed the restrictions on foreign shares, restricted industries have been reduced in half, and the general manufacturing and service industries are fully open to foreign investment. If these enterprises are to achieve self-realisation, it is very important they make full use of their own technology and management advantages and join the emerging and key industries.

3.2 Catalogue of Priority Industries for Foreign Investment in Central and Western China (2013 Revision)

Since 1999, China has inefficiently been implementing its western development strategy and has made slow progress. Most foreign investment is concentrated in the central and southern coastal areas—sound investment environments. For example the Pearl River Delta: convenient transportation, mature linkage mechanisms, cheap labor resources, and bonus policies for start ups. But as industrial clusters in the central and southern coastal areas have intensively accumulated in recent years, and the economy has greatly developed, the area is no longer in need of the support of state policy. In addition, environmental pollution, wasted resources, rising labor prices, and industrial saturation have quietly robbed foreign investment. Therefore, foreign investment in China in recent years has shown a northward and westward trend, which in the long term is in line with China's need for domestic development.

China's midwest region has very important investment advantages as compared with the southeast coastal areas which are close to saturation. It has long-term, prudent dividends, and the starting stage, development stage, and advancement stage of factory establishment by foreigners is protected under policy. With the right industry selection and the support of policy, enterprises are bound to succeed. Secondly, is the huge market potential. The average economic level of the central and western regions is equivalent to that of the coastal areas ten years ago, because of the geographical location and slow pace of development. Although this makes the investing environment of the central and western areas not as complete as that of the coastal areas, it also means the market is far from saturated, and the developmental potential and market demand is huge. Thirdly, is the increasingly convenient transportation system. Although the central and western regions of China are located inland and have no routes connecting to the outer regions, thanks to the implementation of policies including east-to-west water transfer, west-to-east gas transmission, the Silk Road, and the Belt and Road Initiative, the central and western regions function as a transport hub. Forthly it is rich in resources.The mining industry, manufacturing industry, and transportation industry are greatly encouraged by the Catalog of Advantageous Industries of Foreign Investment in the Midwest, and all have huge potential for development. Coupled with the relatively low labor and management costs, and high labor efficiency, not only are the unit labor cost advantages very obvious, but the areas are so sparsely populated and full of resources, that the region is an ideal place for foreigners to build factories.

The "northward" and "westward" trend has been rapid. Instead of taking a share of the spoils together when overseas investors become fully aware of the situation, it will be better to be forward-looking, and take good advantage of the resources and terrain and developing in the region, which will be more meaningful and valuable for the growth of enterprises in the long run. Thus, foreign investors should select the most suitable industry to invest in that is highlighted in the catalogue and combine it with their own strengths after a full investigation.

3.3 Analysis on Foreign Investment in the Newly Opened Industry and Advantage Industry

Since its release in 1995, the Guidance Catalog for Foreign Investment Industries has been a guiding document for foreign investment in China. By 2015 it had been revised for six times so as to adapt to the ever-changing international environment and to accelerate an open development path. According to the authorities and observers, the latest revision has made the biggest change and means that overseas investors will face new opportunities and challenges in the new international context.

The latest revision empowers China's desire to "open up" even more compared with the previous in 2011. Now most of the general manufacturing industry is open to foreign investors, and market access to domestic and foreign capital is converging. Nearly half of the terms that restrict foreign investors' access have been canceled. Most industries have had the restrictions on forms of foreign investment liberalized, for example terms limiting forms of joint venture and cooperation, and the requirement for Chinese holding have been drastically reduced. It is an important goal of the revision to ease foreign capital access, optimize investment structure, and promote industrial upgrading. With equal market access, an increased number of encouraged industries, and a decrease in the number of restricted, foreign investors are given an important opportunity to invest in China. Therefore, it is of great importance for foreign investors to seize this opportunity and concentrate on the new industries. The revised catalog is as follows:

1. Market access has been eased and foreign investment management changed. Most industries in China have eased restrictions on foreign investment in order to adapt to the in-depth development of economic globalization, and to create a healthy

and enabling investment environment. Terms limiting forms of joint venture and cooperation, and the requirement for Chinese holding are drastically reduced and foreign investors are treated equally, counterring the comments about investment environment deterioration. It also means that China's new round of "opening-up" is continuing to work effectively and a more transparent foreign investment environment is being formed. Policy change can not only provide convenience for foreigners wanting to invest in China, but also promote healthy competition among domestic and international industries through the introduction of foreign investment, elimination of outdated industries, optimize capacity structure, and accelerate economic restructuring. The 2015 revision has also put more emphasis on foreign investment management changes. Fewer restrictions and prohibitions, a greater application of market and industry regulation, anti-discrimination rules, and equal management of foreign investment in the industries regulated by unified market conditions all lay an important foundation for further "opening up" of the market.

2. General manufacturing and service industries have been expanded and industrial upgrading is being promoted. The high-end manufacturing industry will become a key area for foreign investment. New technology product entries such as textiles, chemicals, and machinery manufacturing have been added to the encouraged industries for foreign investment industry. There is no longer a limitation on foreign investment in manufacturing industries such as non-ferrous metal smelting, small construction machinery, photographic materials, the chloramphenicol industry, and others. In addition, share ratio requirements have been relaxed for industries including steel, ethylene, oil refining, and famous liquors. Essentially all the general manufacturing industries are now open to foreign investors.

At the same time, the service industry is being opened up in order to promote the development of it. In the latest revision, nine industries have been added to the encouraged category including motor vehicle charging stations, venture capital enterprises, intellectual property services, offshore oil pollution clean-up technical services, vocational skills training, construction agencies, pension agencies, and others. Medical institutions, financial leasing companies, direct sales, mail order companies, insurance brokerage firms, and finance companies, etc. are no longer classified as restricted. What's more, the idea of an orderly service industry is reflected in the directory with a series of liberalizations applied. For example, equity limits and requirements have been eased on e-commerce, subway, light rail, performance venues, maritime transport and other areas. Further opening up of the service industry will encourage foreign investment into sectors oriented to people's livelihood and will promote their opening up, and especially stimulate the pension agencies benefiting people's retirement.

3. Energy conservation and environmental protection are encouraged. Resource waste, overcapacity, environmental pollution and energy shortages pose a big threat to the world. In China, the problem of overcapacity is the most prevalent. The production of key components for new energy vehicles, IPv6-based next-generation Internet systems, and other high-end technologies are now included in the encouraged directory in order to introduce new energy and technology and promote the upgrading of the industrial structure. A lot of technology needs to be upgraded in order to meet the requirements of rapidly developing information technology. For example, LCD panel entries in the encouraged category will be limited to above 6th generation class. High-end technology, energy conservation, emission reduction, new energy technologies and so on are important areas for foreign investment in China.

In addition, there are certain incentives for foreign investors if they invest in old industrial areas and continue efforts undertaken by mid-west industries so as to further the Twelth Five-Year Plan and promote organic integration of the central and western regions, optimize and revitalize the traditional industrial areas, and coordinate regional development. For example, encouraged projects in the western regions pay corporate income tax at 15% of the regular rate. Foreign investors can fully reference the policy guidance of new directory, and actively implement the strategic plan with their own strengths in order to promote business development.

Chapter 4 Procedures for Verification and Approval

4.1 Authority of Verification and Approval

After prudently choosing an industry, foreign investors are required to go through a series of procedures in order to establish their identity. In 2014, the National Development and Reform Commission officially released the new edition of Administrative Measures for the Approval and Record-filing of Foreign Investment Projects. Based on related experience from the previous nine years, combined with the historical background of deepening globalization, the solution showed important thoughts on further streamlining of the administration, relegating of power to lower levels, and deepened the reform of the administrative system; it also changed the comprehensive approval system to an administration method that combines limited approval and general record-filing. As a result, the procedures for verification and approval have gradually been simplified for foreign investors in China, and will eventually transition into an ideal situation where the registration and record-filing system is completely efficient.

At present, except for some projects that specifically need to be approved by government, most of the rest require only simple record-filing, which is easy to understand. Projects that require approval are shown in the chart below. Foreign investors area able to find their category according to the size of total investment, by referring to the Catalogue for the Guidance of Foreign Investment Industries (2015 Revision), and the Catalogue of Investment Projects Approved by the Government (2013 Revision) in order to accurately figure out which government departments they will need to go through formalities as soon as possible with.

The relaxation of procedures for verification and approval not only simplifies the setting-up procedures for foreign investment projects and enhances working efficiency, but also pushes forward reform of the domestic investment system, which is an important step in creating a healthy and orderly investment environment for international investors.

Verification and Approval System	Scope	Capital Limit	Approval Department
Approval System	Encouraged projects that require Chinese holding (including relative holding) in the Catalogue for the Guidance of Foreign Investment Industries	0.3 billion USD and above total investment (including additional share)	The department in charge of investment at the State Council
		Less than 0.3 billion USD total investment (including additional share)	Local government
	Restricted projects (excluding real estate) in the Catalogue for the Guidance of Foreign Investment Industries	50 million USD and above of total investment (including additional shares)	The department in charge of investment at the State Council
		Less than 50 million USD of total investment (including additional shares)	Provincial Government
	Real estate projects of restricted projects in the Catalogue for the Guidance of Foreign Investment Industries	—	Provincial Government
	Foreign investment projects listed from item 1 to item 11 in the Catalogue for the Guidance of Foreign Investment Industries apart from the preceding articles	—	Departments specified by the Catalogue for the Guidance of Foreign Investment Industries
Record-filing System	Record-filing system is implemented on the rest of foreign investment projects.	—	—

4.2 Procedures for Setting-up Foreign Investment Enterprises

Foreign investment projects in China will not really fall into place unless they go through the establishment, examination and approval stages, and all kinds of registration. The complexity of such procedures is also an important reason why foreign investors always complain about the poor environment for investment in China. With the gradually enhancing reform and opening-up policy, Chinese-style "One-stop Examination and Approval" and "One Package Service" have sprung up like mushrooms across the country. This service style that unifies multiple departments, and deals simultaneously with procedures for foreign investors from establishment to certification, has not only reduced the workload domestically, but also won wide acclaim from foreign investors. Investors no longer worry about being driven from pillar to post, because the examination, approval and establishment procedures in China have slowly improved in order to serve investors in a fairer, more open, simple, and direct way.

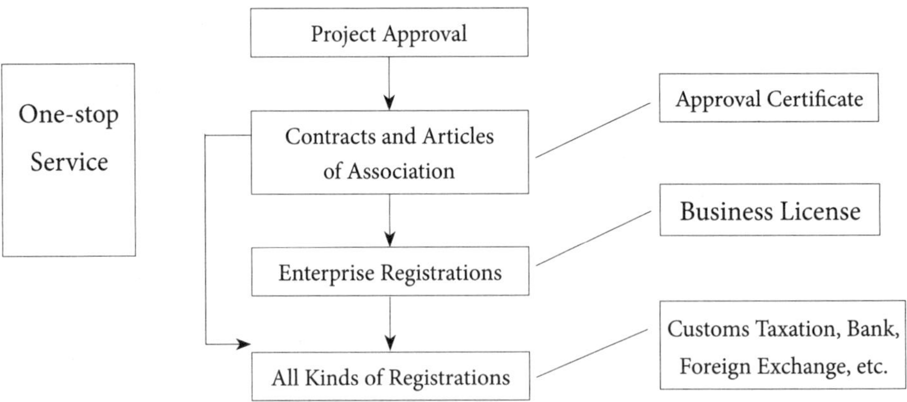

These massively popular "one-stop" services cover almost every provincial administrative unit at present, and exist in the form of foreign investment service centers. They solve all the needs of the investor at one window in a joint office known as "One-stop Examination and Approval" or "One Package Service". In the initial stages, it can help search for partners, select plant sites, compile project proposals and submit them to the government; they can also complete enterprise name registration, compile feasibility study reports, draw up contracts and articles of association, and apply for business licenses. In the middle stages, it can carry out construction procedures and coordinate work related to planning and design, engineering construction and land use, environmental protection, firefighting, public utilities, etc. In the later stages, it can hire employees and provide services such as researching related information. Intermediary institutions such as consultancies, law firms, and accounting firms can also provide investors with services of high efficiency and quality.

For example, at the Beijing Foreign Investment Service Center near Beijing's Third Ring Road, eight computer terminals are lined up at the entrance and investors can use them to look up information ranging from resources available in Beijing, to investment promotion in other areas. Further inside the center is a bright window opposite to the entrance where customers can receive all kinds of service from establishment to certification. Visiting a center is simple and saves time and energy. Since the establishment of the Beijing Foreign Investment Service Center, it has received visitors from numerous countries across Europe, Latin America, the Atlantic and the Pacific, and has successfully served a large number of heavyweight companies such as DuPont, Ford Motors, and IBM of the U. S., Siemens of Germany, Charoen Pokphand Group of Thailand, and the Kerry Group of Malaysia. It has won praise from all its foreign investors.

There are also one-stop service platforms, such as the one founded by the Labor Department of Qingdao, that specifically deal with labor related issues arising after enterprises have been established. They advocate the idea of "entering one door and getting everything done". Based on the demands of business, the platform includes functions such as policy consulting, labor use, salary examination, contract verification, and social insurance into only one service window and provides centralized services in order to create a new kind of management service system that satisfies foreign investors. At present, such a system has already made some achievements. Additionally, according to market demand, the Labor Bureau of Qingdao has set up a human resource pool linked with foreign investment enterprises that helps reduce the communication costs for both sides.

Other cities in China are also filled with such offices. Therefore, foreign investors need not worry about complicated procedures and redundant documentation rules, but can meet the multiple requirements for enterprise establishment simply by finding one these service points. The environment for investment in China is gradually improving, which is an important guarantee for international investors shifting their emphasis to China day by day.

Chapter 5 Major Business Activities

5.1 China International Fair for Investment and Trade

The China International Fair for Investment and Trade (referred to as "CIFIT"), approved by the State Council of the People's Republic of China, is held every year from 8-11 September in Xiamen. Themed "bring in" and "go global" and characterized by it highlighting national and international concepts, investment negotiation and investment policy propaganda, the coordinated development of regional economies across the country, and economic and trade exchanges with Taiwan, it is currently the only international investment promotion activity having the purpose of promoting bilateral investment. It is also the largest investment exhibition in the world certified by Union of International Fairs (UFI). The main contents of CIFIT include: an investment and trade exhibition, an international investment forum, a seminar on a series of investment hot spots, and investment negotiations with matching conferences as carriers.

During CIFIT, the Ministry of Commerce of the People's Republic of China will host an International Investment Forum. Relevant departments of the government will hold dozens of seminars on investment hot issues themed with "bring in" and "go global". The organizing committee of CIFIT will arrange the China International Friendship Cities Cooperation Forum, Capital Forum, the International Friendship Chamber of Commerce Round Table, and other activities. The government, investment promotion agencies, business associations, and enterprises from dozens of countries and regions around the world will organize dozens of seminars and conferences focusing on global investment hot issues, national and regional industrial policy guidance, and investment environment and projects. National leaders, senior government officials, representatives of international economic organizations, experts, scholars, as well as entrepreneurs will be present and deliver speeches.

The organizing committee of CIFIT holds the Foreign Trade Matching Conference, Domestic Investment Cooperation Project Matching Conference, and Chinese Enterprises "Go Global" Investment Project Matching Conference annually. Among them, the Foreign Trade Match Conference and Chinese Enterprises "Go Global" Investment Project Matching Conference put emphasis on infrastructure, electronic information, modern logistics, trade in service, agriculture, food and beverage, petrochemical engineering, biomedical engineering, energy and environmental protection, mechanical equipment, metallurgy, and building materials and other industries. Chinese Enterprises "Go Global" Investment Project Matching Conference divides Asia, Europe, the Americas, Africa and Oceania into different negotiation regions, and investment negotiations are held separately.

As an important part of CIFIT, investment project matching conferences (referred to as "matching conferences") carefully set up "one-to-one, face-to-face" business matching platforms through detailed matching forms and efficient matching organizations, so that exhibitors can contact and select potential partners, match capital to project, and push forward investment promotion and the project financing process. Each year the organizing committee selects more than 20,000 domestic and foreign investment projects, attracting nearly 1,000 investment institutions from dozens of countries to participate in matching negotiations, including Air Products and Chemicals, the Carlyle Group, Baring Private Equity, IDG Capital Partners and other well-known domestic and foreign investment institutions. Up to now the value of both contracts and agreements at the matching conferences has added up to more than 10 billion USD. The conference has become an efficient matching negotiation platform for investment institutions around the world looking for business opportunities in China and for Chinese enterprises to develop their international market.

As the world economy continued to slump, the 2015 CIFIT exhibition, which covered an area of 100,000 square meters and lasted 4 days, was still as fantastic as before. Nearly 100,000 domestic and foreign exhibitors and more than 4,000 enterprises from 105 countries gathered in Xiamen, including more than 250 domestic and foreign dignitaries, multinational executives, representatives of authoritative business associations, presidents of well-known enterprises, and other important guests. There were also more than 1,000 matching conferences that intensively launched more than 30,000 projects, more than 300 business negotiations, and more than 100 forums themed with investment promotion wonderfully on display. Conference exhibitions, forum discussions, project matching negotiations and other activities ended, and 2015 CIFIT successfully concluded on 11 September.

5.2 Expo Central China

Expo Central China is jointly hosted by the Ministry of Commerce, the State Administration for Industry and Commerce, the State Administration of Press, Publication, Radio, Film and Television, China National Tourism Administration, China Council for the Promotion of International Trade, All-China Federation of Industry and Commerce, China Federation of Industrial Economics and the People's Governments of Shanxi, Anhui, Jiangxi, Henan, Hubei, and Hunan once a year. The 9th Expo Central China was held in Wuhan from 18-20 May 2015.

The contents of Expo Central China mainly include the trade of goods, investment negotiations, tourism negotiations, tourism promotion, summit forums, etc. Trade of goods mainly promotes and displays special industries and products of high quality and popularity from the provinces of central China.

Investment negotiations mainly carry out pre-exhibition investment promotion, investment promotions, and project matching, and display negotiations, etc. Tourism promotion mainly displays and promotes the tourism resources of the provinces through specially designed exhibitions, and carries out promotions and negotiations. The summit forum is for inviting domestic and foreign dignitaries, business elites, experts, and scholars to deliver keynote speeches on the theme of "The Rise of Central China".

Expo Central China provides a perfect opportunity for domestic and foreign investment, and trade exhibitors, to come to fully understand the investment policies of central China, to access key project construction information, select investment projects, carry out economic and trade exchanges, and develop their industries. Meanwhile, it also builds an excellent platform for enterprises around the world to enter China, enter its central region and display themselves, in order to seek business opportunities.

China's central region includes Shanxi, Anhui, Jiangxi, Henan, Hubei and Hunan, and has a total area of 1.028 million square kilometers, and a total population of 361 million. The central region is located inland, its advantage being that it links the west to the east, and the north to the south. With abundant natural, cultural and tourist resources, a solid scientific and educational foundation, relatively strong industrial foundation with a wide range of categories, nice environmental conditions and high carrying capacity, it is an important base for agricultural products, energy, raw materials and equipment manufacturing. Taking full advantage of the accelerating flow and transfer of production and industries, Expo Central China has established an important platform for the central region to open more widely to the outside world and to strengthen international exchange and cooperation, so that China and foreign countries can discuss opportunities for common development.

The 9th Expo Central China lasted 3 days and concluded on 20 May 2015, during which the total investment on projects signed by the six central provinces had a year-on-year growth of 16.7% and reached 880 billion RMB. Twenty-five thousand domestic and foreign guests and various exhibitors were invited to the Expo Central China this year, among whom there were 5,628 important guests with 51% of these guests from abroad, greatly improving the international level of the exhibition. Forty-one economic and trade activities were held, and the six provinces, as well as the cities and prefectures within, all held project promotions and fairs. According to the statistics provided by the organizing committee, during the exhibition, agreements for 537 domestic investment projects were signed, with a total investment of 708.3 billion RMB, and capital of 657.5 billion RMB was introduced; 28.895 billion USD worth of foreign investment projects were signed, of which was 26.982 billion USD introduced capital. The amount of project investment agreed at Expo Central China is equivalent to more than 880 billion RMB.

5.3 China Lanzhou Investment and Trade Fair

The China Lanzhou Investment and Trade Fair is one of the major investment and trade fairs in the western region of China, that has developed into a large-scale internationalized and professional exhibition. Since its inception in 1993, it has continued to pursue innovation and remained realistic and pragmatic. It constantly makes new achievements in professionalization and diversification, and improvements on the scale and level of the exhibition appear at each session.

In 2012, the China Lanzhou Investment and Trade Fair was officially upgraded to a national-level conference, and is now partly hosted by the Ministry of Commerce and the Overseas Chinese Affairs Office of the State Council. It is held in Lanzhou, the capital city of Gansu Province in June and July each year.

After years of effort, the China Lanzhou Investment and Trade Fair has established itself as an important part of attracting investment, and a window that opens to the outside world for Gansu and Lanzhou. It is an economic and trade event of the highest specifications, that highlights the greatest achievements of Gansu, and promotes multi-level, wide-ranging and all-round cooperation and exchanges among regions, among industries, and among enterprises, and strongly pushes forward the economic and social development of the whole province.

The 21st China Lanzhou Investment and Trade Fair lasted 6 days and concluded on 11 July 2015. During this year's fair, 1,292 projects were signed, with a total project contract value of 697.318 billion RMB, an increase of 46.165 billion RMB from the last session; 17 foreign trade exports, overseas project contracts, and investment contracts were signed, with a total value of 2.235 billion USD, more than twofold from the last session.

The projects signed at the China Lanzhou Investment and Trade Fair of 2015 show the following characteristics: from the perspective of industry categories, 79 modern service projects attracted 95.076 billion RMB worth of investment, accounting for a greatly increased 68.46% of the city's total amount; 36 industrial projects attracted 17.096 billion RMB worth of investment, accounting for 12.31% of the city's total amount; 17 cultural tourist projects attracted 21.84 billion RMB worth of investment, accounting for 15.7% of the city's total amount; 6 infrastructure projects attracted 3.35 billion RMB worth of investment, accounting for 2.4% of the city's total number; and 6 agricultural projects attracted 1.5 billion RMB worth of investment, accounting for 1.1% of the city's total number.

5.4 China (Langfang) International Economic and Trade Fair

The China (Langfang) International Economic and Trade Fair is a national-level international economic and trade fair jointly hosted by the Ministry of Commerce and the People's Government of Hebei Province and is organized by the Investment Promotion Agency at the Ministry of Commerce, the Hebei Provincial Department of Commerce, and the People's Government of Langfang. Held on 18 May each year in Langfang, Hebei Province, it's also known as the "5·18" Fair and

32 sessions have been successfully held.

In 1984, the People's Government of Hebei Province held the 1st Hebei Introducing Technology by Foreign Investment and Export Commodities Trade Fair, and it has been held annually since then. The name of the fair has been changed several times, from the Hebei Introducing Technology by Foreign Investment and Export Commodities Trade Fair, to the Hebei Economic and Trade Negotiation, the Northeastern Asia and Circum-Bohai International Business Festival, and to the China (Langfang) High-tech and Modern Service Investment and Trade Negotiation. It finally settled on the China (Langfang) International Economic and Trade Fair, and is held on 18 May each year. Officially occurring in Langfang in 2000, it has been approved in 2010 by the State Council of People's Republic of China as a national-level international economic and trade fair jointly held by the Ministry of Commerce and the People's Government of Hebei Province.

In 2015 China (Langfang) International Economic and Trade Fair was successfully held. More than 100 activities in 10 categories, including China-Eastern Europe cooperation special events, Korean guest of honor activities, thematic matching conferences, trade exhibitions, cooperative projects signing ceremonies, and self-organized activities by the cities of Hebei were held at the fair. The Beijing-Tianjin-Hebei Coordinated Development of Industrial Innovation Summit and Beijing-Tianjin-Hebei Coordinated Development of Ecological Environment received much attention at this fair. Ten trade exhibitions that mainly consisted of large-scale environmental protection industry exhibitions, emerging industry exhibitions, counties' characteristic industries exhibitions, international enterprises exhibitions and a Korean guest of honor exhibition were held within the fair's largest ever area of 60,000 square meters.

Thematic matching conferences included China-Eastern Europe cooperation special events, Korean guest of honor activities, international capacity cooperation promotions themed with topics such as Hebei Approaching Middle Asia and Africa, Cooperation and Matching of Environmental Industry Projects, Mentors'

Tour to Hebei, and Approaching Africa. The cities of Hebei held nearly 20 thematic matching conferences with diverse forms and rich content based on their own industrial characteristics and key future directions.

5.5 Western China International Fair

The Western China International Fair (referred to as WCIF), is a national-level international event jointly held, shared and won by the western region of China. It is an important diplomatic, trade cooperation, and investment promotion platform in the western region, and an important means for cooperation within the western region, between the eastern and western region, and between China and foreign countries. It is also an important platform from which the western region can open up to and cooperate with the outside world.

Founded in 2000, the Western China International Fair has been held annually in Chengdu, Sichuan. The first ten sessions of WCIF attracted many heads of state, prime ministers, deputy prime ministers, and ministerial officials, as well as key figures from international economic and trade organizations. Across 0.44 million square meters are exhibitions and more than 350 various economic and trade activities. A total of 16,542 domestic and foreign enterprises have participated in these exhibitions; more than 100 domestic and foreign economic and trade organizations established good cooperative relationships via this platform; and 31 provinces (autonomous regions and municipalities) and key cities in China have all participated in the exhibitions and fairs.

At the WCIF 2015, the western provinces and cities all took Westward Strategy and Western Opportunities as the subject of their display as if by prior arrangement. At the WCIF in 2014, Shaanxi province with the rotating Chairmanship set up five sections in the exhibition area: New Image of Shaanxi, Aerospace, the Cultural Industry, the Fruit Industry, and the Cities' Characteristic Enterprises, which all focused on the theme "New Start for the Silk Road Economic Belt" and displayed

Xi'an's newest achievements. The exhibition area for the Guangxi Autonomous Region was themed "Development, Innovation and Charm," and displayed its many advantages in the new round of the Western Development Drive, in constructing a strong economic zone in the western region, in the Maritime Silk Road of the 21st century, in the development and open pilot zone along the border, the strategic highland of Nanning inland open economy, as well as the restructuring and revitalization of the Zuojiang and Youjiang old revolutionary base areas. The Xinjiang Uygur Autonomous Region took "Constructing the Silk Road Economic Belt" as the theme of their display and organized 14 prefectures and cities, and their characteristic and advantageous enterprises. As the chair province from the previous session, Yunnan highlighted its importance in the Belt and Road Initiative, that it is key bridgehead to the southwestern region, and the national development and open pilot zone strategy along the border. Sichuan Province's theme was "constructing a development structure supported by multiple points and poles, focusing on creating a new layout for the region's development". It highlighted its achievements, and plans to use multiple points and poles to support development, form remarkable competitive advantages, become a comprehensive transportation hub for the western region, accelerate inland opening-up and the development of the Chengdu Economic Zone, promote breakthroughs for the Southern Sichuan Economic Zone, foster new growth in the Northeastern Sichuan Economic Zone and create the Panxi Characteristic Economic Zone, etc. Driven by a series of regional strategies, the full play of the western region's late-move advantage will improve regional structure, and has become a new highlight of the country's economic development.

The press conference for the 15th WCIF was held in Chengdu in the afternoon of 3 November 2014, marking the end of the 12-day fair. Closely focusing on the overall picture of serving the economic development of the western region, the 15th WCIF had constantly expanded investment and trade achievements. At the fair, 1,067 investment projects were signed and the total signed investment value reached

805.09 billion RMB, which was respectively an increase of 131% and 43% from the last session. Among them, 868 projects were from Sichuan and the signed investment value reached 602.86 billion RMB, accounting for 74.9% of the total contract amount; 199 projects were from the 11 provinces of the western region (autonomous regions and municipalities), and the Xinjiang Production and Construction Corp signed investment amount reached 202.23 billion RMB, accounting for 25.1% of the total signed contract value; 18 projects were from chairman province Shaanxi, and 48 from the theme city Luzhou, with a total investment amount of 21.185 billion RMB and 33.06 billion RMB respectively. A total of 121 billion RMB of trade deals were closed at the fair, an increase of 12.24% from last year. Among them, 43.6 billion RMB was from Sichuan, 37.62 billion RMB was from other provinces of China, and 6.45 billion USD (39.78 billion RMB) was from overseas, accounting for 36%, 31.1% and 32.9% of the total transaction amount respectively.

The main exhibition took up an area of 240,000 square meters, larger than any of the previous sessions. The number of participating countries, participating enterprises, and national pavilions reached a record high. There were 8,981 enterprises at the exhibition, among which 2,951 were from overseas. They included Intel, Dell, Microsoft, Novartis and Corning. There were pavillions from 76 countries and regions, including France, the United States, Germany, Czech Republic, and South Africa. The first and second section of the main exhibition attracted more than 500,000 visits. The 7th Western China International Sourcing Fair, as WCIF's important platform for trade and cooperation, held more than 20 special matching negotiations. More than 600 investors came from 12 countries and regions to negotiate, and more than 34,000 domestic and foreign professional visitors participated in the exhibition.

5.6 China International Cultural Industry Fair

The China (Shenzhen) International Cultural Industry Fair (hereinafter referred to as ICIF), the only national-level trade event for the cultural industry, is jointly hosted by the Ministry of Culture, Ministry of Commerce, State Administration of Press, Publication, Radio, Film and Television, the General Administration of Press and Publication of the People's Republic of China, the People's Government of Guangdong, and the People's Government of Shenzhen. Held in May each year it is organized by the Shenzhen Press Group, Shenzhen Media Group, Shenzhen Publication and Distribution Group, and the Shenzhen International Cultural Industry Fair Co., Ltd.

ICIF is the only national-level, international and comprehensive cultural industry fair of China. The fair spares no effort in establishing a trading platform for Chinese cultural products and projects. It promotes and stimulates the development of China's cultural industry and actively promotes Chinese cultural products to the outside world.

ICIF is also the only comprehensive cultural industry fair that has been certified by the UFI in China, and is one of the key exhibitions supported by the National Cultural Development Program of the Eleventh Five-Year Plan.

ICIF ensures "internationalization, professionalization, marketization, standardization, and high quality" in exhibitions. To date, seven consecutive sessions have successfully been held. Since ICIF concentrates on the essence of Chinese culture and showcases the best cultural products and achievements of China, it has become a stage where China's cultural industry can show its strengths. It is an ideal channel for understanding the development of China's cultural industry and cultural product market, and to communicate about cultural industry technology and information. It also provides centralized sellers' resources for the international purchase of Chinese cultural products, in order to achieve faster, more convenient and lower-cost purchases. The fair is regarded as an excellent platform for exchanges and cooperation.

The 9th ICIF concluded at 3 pm on 20 May 2013. The organizing committee of ICIF had the ICIF take "trade sailing and cultural voyage" as its theme, upon which it focused on promoting cultural trade. The total transaction value for the first three days increased 15.85% from the previous session over the same period, and 157 projects worth more than 100 million RMB were signed. Contracts accounted for 63.98% of the total transactions, increasing by 24.87% from the previous year; intended transactions accounted for 30.41% of the total transactions, a decline of 0.92%; retail sales accounted for 4.28% of the total transactions, an increase of 9.88%; auctions accounted for 1.33% of the total transactions, an increase of 169.51%; over the first three days there were 157 projects worth more than 100 million RMB, and the total transactions increased 15.85%.

5.7 CHINA-ASEAN Exposition

The CHINA-ASEAN Exposition (referred to as CAEXPO) is a national-level, international economic and trade exchange initiated by Mr.Wenjiabao, former Premier of China's State Council, jointly held by China's economic and trade department, the ten ASEAN countries, as well as the Secretariat of ASEAN. It is organized by the People's Republic of Guangxi Autonomous Region, and held in Nanning, the capital of Guangxi Autonomous Region and held every year.

CAEXPO is the only exhibition jointly hosted by multiple countries' governments yet held in one place. Focusing on exhibition, CAEXPO also holds exchange activities in multiple fields and on multiple levels, while establishing a platform for exchanges and cooperation between China and ASEAN. Aimed at promoting the construction of the China-ASEAN free trade zone, and at sharing cooperation and development opportunities, it enjoys mutual benefits based on the Framework Agreement on Comprehensive Economic Cooperation between the People's Republic of China and ASEAN Nations.

CAEXPO possesses distinctive characteristics:

1. It combines import and export, highlights import, emphasizes opening to the ASEAN market, and acts as a bridge for ASEAN products to enter China.

2. It combines investment and investment attraction, the "going-global" of Chinese enterprises, and acts as a platform for Chinese enterprises to invest in ASEAN.

3. It combines trade of goods and trade of service, takes tourist service and small to mid-sized enterprises' innovation transfer as its cause, and fosters new growth point for economic and trade cooperation between China and ASEAN.

4. The China-ASEAN Business and Investment Summit and the China-ASEAN Exposition are held at the same time, perfectly combining and promoting each other. During these two activities, there are not only tangible economic and trade discussed, but also mutual talks and exchanges among governments, enterprises, and experts.

5. CAEXPO is not only an economic and trade event, but also a multilateral international activity that enhances mutual understanding. It fully embodies the neighborliness and friendliness between China and ASEAN, the principle and intention of establishing a strategic partnership towards peace and prosperity, and pragmatically promotes further development of the China-ASEAN regional economic cooperation.

6. During the expo, various activities are held at the same time, such as the "Exotic Southeast Asia" Evening, "Nanning International Folk Song Art Festival" Opening Ceremony, "Our Chinese Heart" Evening, Golf Masters, "Friends of Tennis" Masters, the Fashion Festival and the Food Festival. There are also brilliant cultural and physical activities.

The 2014 CAEXPO achieved fruitful results. There were a total of 4,600 booths and 2,330 participating exhibitors, 1,259 of which were from ASEAN countries. At the Nanning International Convention Exhibition Center, the number of foreign booth accounted for 42%, the highest of all the large-scale exhibitions in China.

There were 57,000 participants in the exhibitions and conventions, and more than 80 purchaser groups, an increase of 14% from the previous session, and even more active trade deals than ever before. A total of 72 international and economic cooperation projects were signed collectively, among which there were overseas investment and cooperation projects, Chinese enterprises' investment and contracted engineering projects in foreign countries, and 58 Chinese projects utilized foreign capital. Exports from ASEAN to China increased significantly. Activities such as the Investment and Cooperation Round Table, Investment Fair of Industrial Parks, and exchanges among economic and commercial counselors and enterpreneurs of the Chinese embassies and consulates in ASEAN were held during the expo. As a result, new achievements were made by Chinese enterprises investing in ASEAN; mutual investment, and the number of investment and cooperation projects increased from the previous sessions.

5.8 China (Beijing) International Fair for Trade in Service

China (Beijing) International Fair for Trade in Services (referred to as CIFTIS) is a large-scale trade fair held by the Ministry of Commerce of the People's Republic of China, and the People's Government of Beijing. With the rapid development of global trade in services over recent years, service industry has become a new impetus for economic growth around the world. Since 2012, it has been held on 28 May each year with a duration of 5 days.

As a national-level, international and comprehensive trade fair for trade in services, CIFTIS is by far the world's only comprehensive trading platform for trade in services covering the 12 major fields of trade in services defined by the WTO (including business services, communication services, construction and related engineering services, financial services, tourism and tourism related services, recreational, cultural and sports services, transport services, health and social services, education services, distribution services, environmental services and others). The aim of CIFTIS is to become a negotiation and trading platform for international trade in services, a discussion and release window for international trade in services policies, and an exchange and cooperation bridge for enterprises engaged in trade of services for and from various countries.

The 3rd CIFTIS opened on 28 May 2014 at the China National Convention Center and concluded on 1 June. As the largest-scale trade fair for the global trade in services, 236 projects were signed and the contract value by intention was 81.83 billion USD, an increase of 4% from the 2nd session. Among these contracts, international projects increased significantly to 35.5 billion USD, 3.3 times more than the 2nd session and accounting for 43.4% of the total contract amount. Meanwhile, the role CIFTIC plays on serving the country's trade in services development is more significant. The contract amount for provinces (autonomous regions and municipalities) excluding Beijing reached 34.36 billion USD, 2.1 times more than the 2nd session, 42% of the total contract value. At CIFTIS this session 117 countries and regions, and 153,000 people participated in the exhibitions and conventions, marking the first time exhibitors from all of the 20 countries and regions for global trade in services were in attendance. In addition, 133 exhibitions, forum activities, negotiations, and trade activities were held successively.

5.9 The List of Other Major Business Activities

Conference Title	Time	Place
China Sourcing Summit	Depending on the specific circumstances	Bided by model cities of service sourcing
Investment and Trade Forum for Cooperation between East and West China	April	Xi'an
China Chongqing International Investment and Global Sourcing Fair	May	Chongqing
China Import and Export Fair, Kunming	May	Kunming
China-Russia Expo	June to July	Harbin
China (Dalian) International Software and Information Service Fair	June	Dalian

China-Eurasia Expo	September	Urumqi
China International Equipment Manufacturing Exposition	September	Shenyang
China Jilin · Northeast Asia Investment and Trade Expo	September	Changchun
China-Arab States Expo	September	Yinchuan
International Sourcing Forum (Shanghai)	September	Shanghai
China (Taiyuan) International Energy Industry Expo	September	Taiyuan
Electronic Manufacturer Exposition	October	Suzhou
China International Industry Fair	November	Shanghai
China Hi-Tech Fair	November	Shenzhen

Chapter 6 Foreigners Living in China

6.1 Entry, Exit and Residence Permit

6.1.1 Entry Visa of Foreigners

In order to enter China, foreigners need to apply to visa-issuing agencies stationed abroad for a visa. These agencies include Chinese diplomatic missions, consular offices, or other agencies authorized by the Ministry of Foreign Affairs. According to the identity of the foreigner and the type of passport held, visas are categorized as diplomatic, courtesy, official and ordinary.

For business people, the most commonly used are ordinary visas. Ordinary visas are categorized into the following types, and the corresponding Chinese alphabet is marked on the visa:

(1) The C visa is issued to crew members performing duties on board an international train, aircraft or vessel, vehicle drivers engaged in international transportation services, and any accompanying family members.

(2) The D visa is issued to persons who come to China for permanent residence;

(3) The F visa is issued to persons who come to China for exchanges, visits, study tours, or other relevant activities;

(4) The G visa is issued to persons who transit through China;

(5) The J1 visa is issued to resident foreign journalists of permanent offices of foreign news agencies in China; the J2 visa is for foreign journalists who go to

China for short-term news coverage;

(6) The L visa is issued to persons who come to China for travel; persons who come to China for group travel purposes can be issued L visas;

(7) The M visa is issued to persons who come to China for commercial trade activities;

(8) The Q1 visa is issued to family members of Chinese citizens and family members of foreigners with permanent residence status in China who apply for residence in China for family reunions, as well as for persons who apply for residence in China for fosterage or other purposes; the Q2 visa is for relatives of Chinese citizens living in China, or relatives of foreigners with permanent residence status in China, who apply for a short-term visit;

(9) The R visa is issued to foreigners of high talent who are needed, or specialists who are urgently needed, both by the State;

(10) The S1 visa is issued to spouses, parents, children under the age of 18, or parents-in-law of foreigners residing in China for work, study or other purposes, who apply for a long-term visit, as well as for persons who need to reside in China for other personal matters; the S2 visa is for family members of foreigners staying or residing in China for work, study or other purposes who apply for a short-term visit, as well as for persons who need to stay in China for other personal matters;

(11) The X1 visa is issued to persons who apply for long-term study in China; the X2 visa is for persons who apply for short-term study in China;

(12) The Z visa is issued to persons who apply to work in China.

Foreigners applying for visas need to fill out an application form, and submit their passport or other international travel document, qualified photograph, and supporting documents relating to the purpose of the application.

(1) To apply for the C visa, the applicant shall submit a letter of guarantee from a foreign transportation company or a letter of invitation provided by the entity concerned in China;

(2) To apply for the D visa, the applicant needs to submit the form issued by the Ministry of Public Security confirming his or her permanent residence status;

(3) To apply for the F visa, the applicant needs to submit the invitation letter provided by the inviting party in China;

(4) To apply for the G visa, the applicant needs to submit a through ticket (air, road, rail or sea) to a third country or region with the date and seat number on it;

(5) To apply for the J1 or J2 visa, the applicant needs to go through the formalities of examination and approval in accordance with the Chinese provisions on news coverage by permanent offices of foreign news agencies in China and by foreign journalists, and submit the relevant application material;

(6) To apply for the L visa, the applicant needs to submit their travel plans, itinerary and other supporting documents; in case of a group tour, the applicant needs to also submit the letter of invitation provided by the travel agency;

(7) To apply for the M visa, the applicant needs to submit their letter of invitation provided by their commercial or trade partner in China;

(8) To apply for the Q1 visa, in the case of applying for residence in China for family reunion, the applicant needs to submit the invitation letter provided by the Chinese citizen living in China or by the foreigner with permanent residence status in China and proof of family relationship; and in the case of applying for entry for fosterage or other purposes, the applicant needs to submit documents such as power of attorney; to apply for the Q2 visa, the applicant needs to submit documents such as the letter of invitation provided by the Chinese citizen living in China, or by the foreigner with permanent residence status in China;

(9) To apply for the R visa, the applicant needs to have the qualifications and meet the requirements set by the relevant authorities of the Chinese government for inviting persons of high talent or urgently needed specialists, and the applicant needs to submit the relevant certifications;

(10) To apply for the S1 or S2 visa, the applicant needs to submit the invitation letter provided by the foreigner staying or residing in China for work, study or

other purposes and proof of family relationship, or the applicant needs to submit the documents required for dealing with personal matters in China;

(11) To apply for the X1 visa, the applicant needs to submit the admission notice issued by their institution and certification provided by the competent authority; to apply for the X2 visa, the applicant needs to submit such documents as the admission notice issued by the admission institution;

(12) To apply for the Z visa, the applicant needs to submit their work permit and other documents.

The visa authority may, in light of specific cases, require a foreigner to submit additional application material.

In any of the following circumstances, a foreigner shall be interviewed as required by the visa authority abroad:

(1) The applicant applies for entry into China for residence;

(2) Information about the applicant's personal identity or his or her purpose of entry requires further verification;

(3) The applicant has a record of being denied entry into China or ordered to exit China within the prescribed time limit; or

(4) Other circumstances where an interview is necessary.

6.1.2 Entry Administration

When a foreigner arrives in China, he or she needs to fill in an entry card, present their passport, visa and relevant supporting documents, and obtain permission to enter from a border office. Except prohibited goods or articles, the Customs department allow foreigners to bring with them a reasonable amount of duty-free luggage or items into China. For other immigration issues upon arriving, attention shall be paid to the notices posted by the immigration office.

6.1.3 Apply for the Residence Permit

Residence permits are divided into the following types:

(1) The residence permit for work is issued to persons who work in China;

(2) The residence permit for study is issued to persons who pursue long-term studies in China;

(3) The residence permit for journalists is issued to resident foreign journalists of permanent offices of foreign news agencies in China;

(4) The residence permit for reunion is issued to family members of Chinese citizens and family members of foreigners with permanent residence status in China who need to reside in China for family reunion, and to persons who need to reside in China for fosterage or other purposes;

(5) The residence permit for personal matters is issued to spouses, parents, children under the age of 18 or parents-in-law of foreigners residing in China for work, study or other purposes, who apply for a long-term visit to China, as well as for persons who need to reside in China for other personal matters.

A foreigner applying for a residence permit needs to submit his or her passport or other international travel documents, photos, and material relating to the application, go through the relevant formalities in person with the exit and entry administration authorities of the public security organ of the local people's government at or above the county level in the proposed places of his or her residence, and provide biometric identification information such as fingerprints.

(1) To apply for a residence permit for work, the applicant needs to submit such documents as a work permit; in the case of a person of high talent who is needed, or, a specialist who is urgently needed by the state, the applicant needs to submit the relevant documents in accordance with the relevant provisions;

(2) To apply for a residence permit for study, the applicant needs to, in accordance with the relevant provisions, submit such documents as a letter indicating the duration of study provided by their admission institution;

(3) To apply for a residence permit for journalists, the applicant needs to submit the letter and press card issued by the competent department;

(4) To apply for a residence permit for reunion, the applicant needs to submit

proof of family relationship and documents relating to the purpose of application; if the applicant needs to reside in China for fosterage or other purposes, he or she needs to submit such documents as a power of attorney;

(5) To apply for a residence permit for personal matters, in the case of a long-term visit, the applicant needs to submit such documents as proof of kinship and the residence permit of the foreigner to be visited; to apply for entry to deal with personal matters, the applicant needs to submit the documents certifying the need to reside in China.

When applying for a residence permit valid for more than 1 year, a foreigner needs to submit his or her health certificate. A health certificate is valid for six months beginning from the date of issue.

In one of the following circumstances, a foreigner shall be deemed to be residing in China illegally:

(1) The applicant's stay or residence exceeds the duration specified in his or her visa, stay permit or residence permit;

(2) The applicant overstays the visa-free period and fails to obtain a stay permit or residence permit;

(3) The activities of the applicant go beyond the restricted area of stay or residence;

(4) Other circumstances where foreigners reside illegally.

6.1.4 Exit Administration

Expatriates are required to leave the country within the period of time their visa permits them to stay, or within the validity period of their residence permit. In case of a person who holds a residence permit requesting to exit and return to China within the validity period of the residence permit, he or she needs to apply to the local public security organ for a visa to return to China before leaving the country. If he or she does not return after leaving the country, he or she needs to cancel their residence permit at a China's border check station.

6.2 House Leasing

For the sake of national security, social order, or other public interests, China permits city and county public security bureaus to restrict foreigners or foreign institutions from setting up residence or office spaces in some areas. Only upon approval by local public security organs can real estate such as commercial housing and so on be leased to foreigners,. Generally speaking, foreign tenants cannot rent ordinary residential or domestic commercial housing, but in some cities these restrictions are gradually being relaxed.

At present, in China's large and medium-sized cities, the leasing industry is highly developed and there are many intermediaries. There are two main intermediaries: real estate firms and websites, including Lianjia (formerly HomeLink), I Love My Home, Ganjicom, and 58.com City. Foreigners may contact these intermediaries for their own convenience.

Property Purchasing: foreigners can purchase commercial housing in accordance with the relevant Chinese law. In China, commercial real estate purchased by foreigners is regarded as personal property. Foreigners shall go through ownership registration procedures with the real estate management department within the prescribed time period to obtain the property ownership certificate.

Property Selling: foreigners can sell private houses. After the sale, the buyer and seller both need to go to the property management authorities to transfer their housing ownership.

Property Inheritance: foreigners who inherit property located in China need to apply to the Chinese public security organs for a certificate to prove their address and their relationship with the original householders. The inheritance is subject to Chinese law.

In some cities in China, there are property purchasing policies for foreigners, and each city is different. Foreigners need to pay attention to the relevant laws of each city. However, the purchasing policies in many cities are gradually loosening, for example, on 27 August 2015, Notice of The Ministry of Housing and Urban-Rural Development and Other Departments on the Adjustment of Foreign Investment Access and Management Policies in the Real Estate Market published on the website of the Ministry of Commerce has it that foreign institutions' overseas branches, representative offices located domestically (except for enterprises that have been authorized to operate real estate business), and individuals who work and study in China are allowed to purchase private commercial housing for their own use.

6.3 Children's Education

In China, only primary and secondary schools which have been approved by a provincial education department are qualified to receive foreign students. They can be divided into three categories: international schools, opening-up schools, and schools organized by embassies.

6.3.1 International Schools

International schools refer to schools that follow the education system of foreign countries and provide foreigners with an education in whatever their first language is. In recent years schools have begun to provide foreign education for domestic and foreign students.

1. Types of school

The First are international schools established by foreign institutions, foreign companies, international organizations, and aliens who are legally resident in China, such as the Shanghai American School, and Guangzhou American school.

The Second are schools allowed and qualified to enrol both Chinese and foreign students. These schools offer international baccalaureate courses (IB), have their own independent campuses, curriculum system, educational ideas, facilities and the composition of their students meet an international standard. Taking Guangzhou Agatha International College as an example, the proportion of international students is 30%. It uses an IB curriculum and teaches in English. The teaching faculty are all from overseas. [1]

The third is the international department of a local school. AP and A-Level training courses are only for Chinese students. Although their courses are foreign, the class model, educational ideology, and student composition are in Chinese style. So strictly speaking, these schools cannot be regarded as international schools.

The fourth category are tutorial centers for foreign institutions or individuals.

2. Curriculum of international schools

Generally speaking, they can be divided into "international courses," "domestic curriculum," "combined courses" and "Chinese courses."

(1) International courses

The international course uses English as its teaching language, and either British or American teaching methods. Its goal is to cultivate students who will eventually enter famous schools of higher education around the world.

For example, the IBO Diploma Program (IBDP) is a set of strict courses studied in order to meet international matriculation requirements, and it demands students take a variety of examinations. This program is suitable for middle school students aged between 16 and 19 years old, who, more importantly, have passion and a diligent spirit. According to the design, the preparatory program is a two-year comprehensive curriculum whose graduates can meet the requirements of other countries' educational systems. Its curriculum model is not built on one specific country's, but combines a number of other countries' core educational values. At present, the current languages of instruction are English, French, and Spanish.

(2) Domestic curriculum

The domestic curriculum offers Chinese language teaching and a domestic syllabus for students from different countries. It aims to have its students capable of entering a domestic university after graduation. Mandarin and Chinese culture and history are offered as interest classes in the teaching process.

(3) Combined courses

Combined Courses refer to a combination of Chinese and Western curriculums. Although international schools basically use an international teaching model, in their curriculum they lightly emphasise the teaching of Chinese language, history and culture. It aims to help students enter European and American universities, or universities in mainland China after graduation.

3. Teaching methods

(1) State-style teaching methods

These teaching methods are mainly used in international schools run by expatriates. These kinds of international schools have two kinds of teaching methods: one is American, using the English language, students practice "walking class"; the other is a European education or oriental education, using native language teaching.

(2) Combination teaching methods

The combination teaching method is mainly set by some local schools' international division. These international divisions are based on students' grades or "shift class" teaching form. Teachers are taught in English, Chinese, or bilingually.

(3) Chinese-style teaching methods

Such schools are Chinese local schools, their teaching methods, as a consequence, are in full accordance with the Chinese Ministry of Education syllabus and requirements of the students. Foreign students who want to apply to these schools must accept all Chinese teaching methods and requirements. This teaching method is particularly of interest to Overseas Chinese students or students with basic Chinese knowledge.

6.3.2 Opening-up Schools

Approved by the Ministry of Education, opening-up schools are qualified to receive foreign students at primary and secondary level. These kind of schools exist throughout China, and do not arrange unique courses and classes for foreign students, except for some necessary intensive study courses in Chinese language. Foreign students enjoy the same educational services as Chinese students.

6.3.3 Schools Organized by Embassies

Embassy schools mainly recruit children of diplomatic officials working in foreign embassies and consulates in China.

6.4 Medical Care

6.4.1 Choice of Hospital

Based on the function, facilities, and technical strength hospitals in China are sorted into three different levels, with the third level offering the highest medical service. Each of these levels are then granted a letter either A, B, or C, and hospitals sorted into the third level will add an additional "special rating". First-level hospitals mainly provide preventative care, medical care, health care and rehabilitation services for residential communities. Secondary hospitals are regional hospitals which provide comprehensive medical and health services. Third-level hospitals mainly provide high-standard, specialized medical and health services. China's high-standard hospitals are numerous and enough to accommodate thousands of patients routinely.

Most hospitals are funded by the government, and belong to non-profit service agencies. There are also a small number of hospitals and clinics run by collectives or individuals. In addition, some foreign medical institutions have branches in China and mainly provide medical services for foreigners.

Foreigners can go to any medical institution for medical help and pay the same price Chinese residents do. In general, the higher the level of the hospital, the more expensive those hospitals' charges are.

6.4.2 Emergency Medical Rescue

Almost all hospitals have emergency rooms. When foreigners need emergency help, including emergency operations, emergency rescue, escort abroad, and other foreign medical services, the hospital can pay foreigners' medical expenses in advance.

In China, most of the cities use "120" as their emergency medical rescue hotline. When you encounter an emergency situation, you can dial "120" for emergency medical rescue. Some cities also use "999" as the phone number for medical rescue, which is easy for some foreigners to remember.

6.5 Traveling

6.5.1 China's Tourist Resources

China has a vast territory. From north to south the land distance is 5500 km, and east to west 5200 km. China's territory crosses five time zones, and a variety of natural conditions. China's tourist resources are quite rich and there are various scenic spots, which can be divided into the following eight types: 1. Lake-dominant Scenic Spots (Baiyangdian, West Lake of Hangzhou, East Lake of Wuhan, Tianchi Geopark located in Tianshan Mountain, Xinjiang, Qinghai Lake, Danjiangkou Reservoir, etc.); 2. Mountain Resorts (Yanshan, Mount Tai, Hengshan Mountain in Hunan, Huashan Mountain, Ali Mountain in Taiwan, etc.); 3. Forest Scenic Spots (Xishuangbanna, Zhangjiajie in Hunan Province, Baotianman Nature Reserve in Henan Province, Wulong Reserve in Sichuan Province, Shennongjia Forest in Hubei Province, etc.); 4. Landscape Scenic Spots (Lijiang River in Guilin, The Three Gorges Project on the Yangtze River, The Jiuqu Stream located in Wuyi Mountain, Fujian Province, etc.); 5. Sea and Beach Scenic Spots (Ends of the earth, Hainan Island, Xiamen, Dalian, etc.); 6. Leisure and recuperation summer resorts (Beidaihe in Hebei Province, Lushan Mountain in Jiangxi Province, etc.); 7. Religious Temple

Scenic Spots (Jiuhua Mountain, Mogao Grottoes in Dunhuang, Longmen Grottoes in Luoyang, Mount Songshan Geopark, Wudang Mountain, etc.); 8. Revolutionary Memorials (Yan'an, Shexian, Xibaipo, Zunyi, etc.).

6.5.2 Access to Scenic Spots

The majority of cities and counties in China are open to foreigners who have valid passports, visas, or residence permits. Foreigners who want to travel to cities and counties that are not open to them need to ask for the local public security bureaus to apply for travel permits. Foreigners are not allowed to enter places that are not open to the public without permission.

Hong Kong, Macao and Taiwanese people in mainland China enjoy equal treatment to mainland residents and are free to travel around China.

6.5.3 Tourist Supporting Services

There are two types of travel agencies in China: international travel agencies and domestic travel agencies. International travel agencies have the qualifications to receive foreign tourists. They can arrange transport, tours, accommodation, food, shopping, entertainment, guides and other related services. Instead of the tourist doing it themselves, travel agencies are able to handle entry, exit and visa procedures. Generally speaking, domestic travel agencies only cater to domestic tourists, but for foreigners who have lived in China a long time, it can be good for them to choose domestic travel agencies.

Vehicle leasing: most travel agencies, hotels and car rental companies can provide rental or chartered vehicles for expatriates. If foreigners wish to self-drive on their trip, they must take their passport and international drivers' license. Foreigners can also choose to hire a driver through a vehicle rental company, which can be more convenient.

Airplane tickets and reservations: travel agencies generally provide travel consultancies for individuals. They will also take responsibility for booking tickets, confirming rooms, and multiple other services on behalf of tourists. Most hotels offer services such as air tickets booking, scheduling rooms and so on.

6.6 Entertainment

6.6.1 Fitness

In China, entertainment facilities in large and medium-sized cities are increasingly developing. Golf clubs, health clubs, bowling clubs, swimming pools and other fitness places are everywhere.

In most of these cities, bathing centers, centers providing acupuncture and massage (including blind massage), saunas and physiotherapy centers, as well as other holistic health institutions can all provide services for expatriates. There are also bars, KTV, night clubs and other such places located in big cities, which can provide enjoyable nightlife for foreigners.

In the outskirts of larger cities, there are playgrounds, holiday resorts, multinational cultural villages, wildlife parks, botanical gardens and fishing areas for people on vacation.

6.6.2 Culture and Art

In large and medium-sized cities, there are often many well-known orchestras and dance froupes, so the concert halls, theatres and other cultural venues hold concerts, musicals, ballets, drama, acrobatics and other performances frequently.

Many regions in China have local operas, with the most popular being Peking Opera, which is known as "the quintessence of Chinese culture." The performance is generally arranged in opera theaters.

Cinemas are common across cities, and films from every corner of the world are screened, most of them using the original soundtrack with Chinese subtitles.

Museums, art centers, etc., often display national cultural relics, photography, paintings, and handicrafts.

6.6.3 Shopping

China has a vast territory and abundant resources, and regional souvenirs are too numerous to mention. China has a great international reputations for silk, embroidery, Chinaware, tea, antiques, etc. These goods exist together in a speciality markets such as Xiushui Street in Beijing, the Confucius Temple in Nanjing, Yu Garden in Shanghai, ancient culture street in Tianjin, and Qingping Market in Guangzhou. All of these places welcome foreigners.

In addition to brick and mortar stores, e-commerce in China is rapidly developing. Through Taobao, JD, VIPshop.com and other shopping websites, customers can buy online and have their products delivered directly to their homes, businesses, or elsewhere.

Chapter 7 Introduction of the Investment Promotion of Different Regions

Since the implementation of the Reform and Opening-up Policy, China has made great progress in attracting direct foreign investment. However, due to the differences of different regions in policy, market, infrastructure, labor, related industries and soft environments, there are huge gaps region to region. The actual use of foreign capital in 2014 was 736.37 billion RMB ($119.56 billion), with year-on-year growth of 1.7% (not including the data from banking, security and insurance industry). There were 23,778 newly set-up companies invested in by foreign capital, with year-on-year growth of 4.4%. China has more actual use of foreign capital than the major economies in the world like the US, the EU, Russia, and Brazil. It is in the first place in this regard among all the developing countries. The actual use of foreign capital in the US in 2014 was merely $86 billion, a decrease of nearly two thirds, falling behind China and Hong Kong to third place in the world. Previously the US had always been the biggest country foreign capital was attracted to. The service industry in China attracted nearly 56% of the foreign capital in 2014, while the manufacturing industry's share decreased to 36%. Contractual foreign investment in newly-established companies in 2014 was $8.12 million, an increase of 13.9% compared with the number in 2013. In most of these new programs, contractual foreign investment and actual use of foreign capital went to the eastern and coastal parts of China, only a small amount went to the middle and western parts of China. As for growth rate, the middle of China grew the fastest, while the eastern and western parts of China remained stable. From January to December 2014, the actual use of foreign capital in the eastern coastal provinces such as Beijing, Tianjin, Hebei, Liaoning, Shanghai, Jiangsu, Zhejiang, Fujian, Shandong, Guangdong, Guangxi, and Hainan, together reached 601.4 billion RMB ($97.92 billion), with year-on-year growth of 1.1%. In the middle provinces like Shanxi, Inner Mongolia, Jilin, Heilongjiang, Anhui, Jiangxi, Henan, Hubei and Hunan the number reached 66.69 billion RMB ($10.86 billion), with year-on-year growth of 7.5%. In the other ten provinces in the west, such as Chongqing, Sichuan, Guizhou, Yunnan, Tibet, Shaanxi, Gansu, Qinghai, Ningxia and Xinjiang, this number was 66.16 billion RMB ($10.78 billion), with year-on-year growth of 1.6%.

China is a large country. The natural conditions vary across the different regions, so development patterns vary too. The eastern plain has rich soil and a pleasant climate. It also has the advantage of a convenient and mature transport infrastructure. The southern coastal cities are adjacent to Hong Kong, Macao and Taiwan, and communicate with other bordering countries often. So this part of China is more open to the world and can accept new things more easily. At the initial stage of attracting foreign direct investment (FDI), investors chose the eastern part of China as their destination. The middle, west and northeastern parts of China, due to the inconvenient transportation and communication lines, don't get as much FDI as the eastern parts, and this creates an imbalance.

Although the resource allocation efficiency of the western area is relatively low, it has attracted foreign investments through its rich mineral deposits and energy advantages. Through improvements in policy, the western and middle areas can now develop faster and promote China's economy as a whole.

7.1 The Eastern Region

7.1.1 General Introduction of Investment Promotion of the Eastern Region

At the beginning of the implementation of the Reform and Opening-up Policy, China made the coastal areas the priority, and adopted a strategy to open-up from the coast first and head inland gradually. Stressing efficiency, market mechanism, and comparative advantages, China opened coastal port cities and coastal economic zones after four special economic zones had been ratified. These policies have played an important role in the foreign trade and foreign investments of these cities and zones.

With advanced infrastructure, large customer bases, numerous suppliers of spare parts and a pleasant cultural environment, the eastern area has attracted many investors. Nearly 50% of German-funded enterprises in China are located in the Yangtze River Delta; and almost all of the big German-funded enterprises have offices in Shanghai. German-funded service companies especially, use Shanghai as the first step into Chinese market.

7.1.2 The Function Orientation of the Government in Investment Promotion in the Eastern Area

(1) Pay attention to government services in attracting investment and provide perfect service environment for investors.

Local governments in the eastern area are no longer directly involved in the process of investment promotion. Instead, they provide services and give advice. For example, the government of Changxing County, Zhejiang Province, aims to provide unlimited services with limited restrictions to boost efficiency and attract more investment. It provides services for the process of project examination and approval, project construction, enterprise operation, and help for investors' personal lives. The Changxing government also has channels for foreign investment at local service centers.

(2) Adjust industrial structure, establish industry chains and boost industrial development to attract more investment.

The provinces of the east proactively adjust their industrial structures to maximize advantage. They aim to build industry chain economies based on resources, and cutting-edge science and technology. Jiangsu Province puts emphasis on foreign high-tech companies. Different cities in Jiangsu Province take full advantage of their own strengths to adjust their respective industrial structures. Nanjing has strategies to develop the automobile, telecommunication, chemistry, and medicine industries. Cities establish their own industry position, thereby avoiding repetition and competition with other cities.

According to the requirements of the newly released Catalogue for the Guidance of Foreign Investment Industries, foreign investment is guided toward focusing on the "five major industrial clusters" and "seven major industrial chains", including the production, manufacturing and R&D of automobiles and engines, truck components, container ships, computers and computer components, communication equipment, digitized home appliances, and biomedicine, etc. Shandong Province has transformed into an area that introduces high-tech projects and large-scale basic equipment projects, introducing flagship, and base-type, and those that are highly intensive, high standard, and have a high starting point to promote industrial upgrading. Shandong Province spares no effort in introducing foreign investment into electronic information, biological information, new materials, the three major emerging industries, and develops high end, terminal, and environmentally friendly products. It also emphasizes the introduction of advanced information technology in order to transform traditional industries, and develops high-performance computers, peripheral equipment, new electronic components, and electronic materials with foreign investment and cooperation.

(3) Lay emphasis on the construction of the government's credit and legal system, and actively implement the policies for investment promotion

The developed eastern region lays emphasis on the construction of not only investment promotion methods and industries, but also government affairs, especially government credit. For example, the most successful investment promotion method in Jiangsu Province is "introducing foreign investment through foreign businesses," which needs word-of-mouth advertising by foreign enterprises to succeed. Good word-of-mouth comes from the attention local governments pay to their reputation, and a good reputation is established in the process of making and implementing relevant policies. Jiangsu Province has made great efforts in the establishment of socio-economic credit, the core of which is government credit. If a local government's policy is frequently changed and released by multiple departments, if government's leaders make decisions and promises randomly, if policies are not implemented, or if government staff serve each individual differently, then enterprises and individuals will obviously find it difficult to form a good credit. According to a survey, during the process of investment promotion, the departments of Jiangsu Province seldom pay lip service towards favorable terms, but strictly implement all the regulations and documents released by the government. Meanwhile, the government's administrative process is also transparent. The eastern region lays emphasis on the construction of both the credit and legal system. Suzhou, Ningbo and other cities are accepted by Taiwanese merchants, because their social, legal, economic, and operating environments are better than other regions. It is universally acknowledged by merchants that the law is most carefully enforced and most abiding in this region.

7.2 The Central Region

7.2.1 Current Situation of the Investment Promotion in the Central Region

In the newest round of industrial transfer, the six provinces of the central region (including Henan, Shanxi, Hubei, Anhui, Hunan and Jiangxi) have become the place for coastal and overseas capital to snap up. In order to land new industries, provinces compete fiercely with each other, developing plans, releasing policies, and enhancing opening-up and investment promotion. Take Henan as an example, Since 2002, the province has driven an opening-up strategy of "optimizing environment, introducing investment from abroad, establishing lateral ties at home, radiating in all directions, and creating echelon development." It has endeavored to take full advantage of its location, transportation, labor and resources, and has gradually improved its infrastructure and hardware for investment promotion. The investment promotion of Henan is mainly characterized by its opening consciousness, summarized as "regarding regions outside Henan as external." Henan also spares no efforts in innovating its investment promotion method, adopting various methods such as investment promotion via delegation, intermediary, Internet, sodality, exhibition, consultancy, and squad, etc., which all combine to form an investment promotion mechanism at an international standard.

Viewing the overall situation of the utilization of foreign investment, Henan Province is at an average level among the six central provinces, among which the utilization of foreign loans is better than in other provinces. The loans have played a significant role in supporting the construction of a number of key projects in Henan Province, but the gap between the amount of foreign direct investment actually used and the contracted amount is still relatively huge. Currently, most external capital invested in the central region is from the private capital of the coastal regions and from foreign enterprises transferring from the coastal regions to the central regions. In the new round of industrial transfer, investment from foreign enterprises, especially Fortune Global 500, has increased significantly. By 2006, 72 Fortune Global 500 companies had invested in Hubei, among which Dongfeng Motor Group and Dongfeng Motor Co. (a 50-50 joint venture with Nissan) have invested a total of 3 billion USD, the largest ever investment in Hubei. The number of Fortune Global 500 companies directly investing in Hunan is currently 40, in Henan it is 35, in Jiangxi it is 24, in Anhui 35, and in Shanxi it is 10.

In Hunan in 2006, the amount of foreign investment was 2.593 billion USD and investment from outside the province was 88.5 billion RMB; In Hubei the amount of foreign investment used directly was 2.449 billion;

In Anhui the amount of foreign investment actually used was 2.49 billion USD and investment from outside the province was 126.55 billion RMB, with the former increasing by 47%; In Henan the amount foreign investment actually used was 1.85 billion USD and investment from outside the province was over 100 billion RMB, with the former increasing by 50.1%; In Shanxi the amount of foreign investment actually used was 1.35 billion USD, more than a 2.36 time increase. The achievements Jiangxi has made on investment promotion is impressive. Since 2002, actual investment promotion has jumped from 1 billion USD to 2 billion USD. In 2006, the amount of directly used foreign investment was 2.807 billion USD, an increase of 15.9%, and the total amount remained the largest among the six central provinces. Jiangxi's advantage in undertaking industrial transfer lies in not only its inherent location, resources and labor cost, but also its open thoughts and optimal environment. For four consecutive years, discussions aimed at liberating thoughts have been held in Jiangxi with various themes. As a result, more than 70% of documents and regulations unsuitable for the WTO have been removed; hardware and software environment construction such as the opening of a 24-hour complaint hotline for foreign businesses, and 24-hour operations at customs have been established, all of which have won the trust of investors.

7.2.2 The Characteristics of Investment Promotion in the Central Region

(1) Competition within investment promotion is becoming increasingly intense, while advantages for preferential policies are beginning to weaken.

With the development of the global economy, the range of choice for multinational investment is becoming broader and the competition among regions increasingly intense. Since the preferential policies for investment promotion in countries such as India, Vietnam, and Brazil are being optimized, investment promotion is facing severe challenges in the central provinces. At the beginning of Reform and Opening-up, the state level government implemented some policies specific to the open coastal regions and inland development zone, such as financial rebates, corporate income tax reductions, and others. However, in this series of polices aimed at supporting the rise of the central region, preferential policies on finance or tax towards foreign investment are not explicitly mentioned. Currently, central provinces all utilize a specific economic zone (such as an economic and technological zone) and adopt various measures to reduce the comprehensive cost of investment and to attract overseas investment. As China has now entered the WTO, the policies towards domestic and overseas investment are required to be equal, and favoritism towards overseas investment is gradually being canceled. Under the current system in which the state has tight control of its land, whether local preferential policies can be kept varies. While preferential policies play less of a role in investment promotion, the role in the investment environment, management efficiency, and industrial advantage is more significant.

(2) Investment attraction is subject to increasing by reinforced supervision and guidance from the state.

Since the state began to put in order and rectify various development zones in 2003, as a whole, the number of province-level development zones reduced across all provinces. For instance, the number of development zones in Henan reduced from 72 to 27. At the beginning of 2007, the prime minister, Wen Jiabao, required that a red line of 1.8 billion mu (1 mu≈666.666 square meters) cultivated land should be garanteed in the report of the government's work. Although land right approval has been delegated to the provinces now, responsibilities of the provinces have been clarified, and supervision over land use strengthened. In September 2006, the Ministry of Commerce and another five ministries jointly issued Provisions on the Merger or Acquisition of Domestic Enterprises by Foreign Investors, and it was put into practice on 8 September. The provision clearly defines mergers and acquisitions (M&A) by foreign investors of domestic enterprises and stipulates which documents and procedures should be applied; it also tightens the examination of foreign M&A in key industries, famous trademarks of China, and China time-honored brands; in order to stop "false foreign capital" being invested in China, and to help domestic enterprises enjoy the same privilege and treatment as foreign investment enterprises, it tightens supervision over domestic enterprises making M&A towards domestic enterprises through foreign registered enterprises; it emphasizes for the first time that a foreign M&A investor must conform to Chinese industrial, land and environmental policies, and all parties involved should pay tax according to the tax laws of China, and should be supervised by the relevant tax authorities. All these policies and provisions institute higher requirements on improving the quality and benefit for central provinces of foreign investment.

(3) Overseas investment shows new trends.

Since the growth rate of the central region's actual use of overseas investment has increased and the scale of overseas investment has grown larger, overseas-funded enterprises show a relatively strong desire to increase their capital. Overseas investment projects present an all-dimensional structure. Among them, some large multinationals are beginning to transform from single project investment towards all-dimensional investment, including integrative investment and strategic investment. They are also beginning to build research centers, operation centers, and procurement centers, and the speed they can set up production and manufacturing centers has greatly increased. They actively implement brand and talent strategies, and investment methods are beginning to diversify, changing from the initial green space investment to M&A investment, from single investment to industrial chain investment, from joint venture orientation to sole proprietorship.

(4) The investment promotion in development zones has a prominent position.

The total amount of domestic and overseas investment utilized by major development zones has surpassed most of other regions in the province, and the quality of the utilization of domestic and overseas investment is better and better. At present, most of the investment from the top 500 domestic and foreign enterprises into the central region is concentrated upon the development zones of the provinces and cities. Since a large group of R&D centers have been established in development zones, the core technology of enterprises can easily be transferred and developed, which plays a positive role in the formation of pillar industries, and the industrial adjustment and promotion of the provinces. For instance, since the promotion of "Optical Valley" was put forward in 2000, a giant laser industrial cluster has formed in the fast-developing Donghu High-tech Zone of Wuhan. The rapid rise of China's "Optical Valley" within just seven years has meant China's optoelectronic information field has become an iconic brand at global competitions. To date, "Optical Valley" has gathered more than 8,000 enterprises, among which there are more than 1,800 high-tech enterprises, 75 enterprises with a production value over 100 million RMB, 8 enterprises with a production value over 1 billion RMB, and 2 enterprises with a production value over 3 billion RMB.

(5) Domestic private investment grows rapidly.

Over recent years, with the improvement of the macroeconomic situation and the attention the whole society has paid to private investment, the private economy has become the main impetus for the new round of economic growth in China. There is unprecedented growth in domestic investment and the investment scale is increasing. Many well-known private enterprises hope to invest in the development zones of the central regions, and private industrial parks are gradually being set up in some of these zones.

7.3 The Western Region

7.3.1 A General Introduction of the Western Region and Its Investment Promotion

The western region of China includes 12 provinces (autonomous regions and municipalities), Chongqing, Sichuan, Guizhou, Yunnan, Guangxi, Shaanxi, Gansu, Qinghai, Ningxia, Xizang, Xinjiang, and Inner Mongolia. It's land area is 5.38 million square kilometers, accounting for 56% of the whole country; it possesses a population of approximately 287 million, accounting for 22.99% of the country. The economy of this vast and scarcely populated region is underdeveloped and requires enhancement.

Most of the country's poorer individuals whose main problem is a lack of food are distributed across this region. It is also where the minorities of China are concentrated.

Since most of the provinces of the western region are situated inland and the natural conditions are complicated, there exists a huge difference from the west to the east, and even from the north to the south. The western region sits on the "Three Plateaus and Four Basins", i.e. the Qinghai-Tibet Plateau, Loess Plateau, Inner Mongolian Plateau, Qaidam Basin, Tarim Basin, Junggar Basin, and Sichuan Basin form the Qinghai-Tibet Plateau Area, Northwestern Arid Area, and Monsoon Climate Area. This complicated topography and varied climate no doubt poses a great challenge for the development of the region. Moreover, economic development can contradict environmental protection here owing to the fact that the ecological environment is extremely fragile. The western region is vast and possesses a land border of more than 18,000 kilometers, and has a marine border with Southeast Asia of 1,595 kilometers. Yet the western region still lacks adequate ability to attract direct overseas investment, and investment here takes up a very small share of investment in China as a whole.

The "Three Line" Construction Policy aimed at supporting the inland region was implemented after the foundation of New China. It improved the economic development of the western region, mainly by pooling resources from within itself. After the Reform and Opening-up Policy, the country began to vigorously support the development of the coastal regions by transferring large quantities labor resources and enterprises from the western region to the coastal region. Owing to the location advantage of the eastern region domestic and foreign businesses jointly improved the coastal region's economic development, which also helped widening the economic gap between the west and the east. Bringing forward the Western Development Strategy in 1999 greatly improved the economic development of the western region, and the continually widening economic differences in China have been curbed and are now moving in a balanced and consistent direction. In 2007, the speed of economic development in the western region surpassed that of the eastern region for the first time. However, in investment promotion, unbalanced direct investment distribution among regions and inconsistent economic development is a problem. Under new opportunities brought by the national "Belt and Road Initiative," construction within the western region will fully exploit the potential of the Land Silk Road and the Maritime Silk Road. It will utilise local labor to develop its economy, but also vigorously introduce overseas investment to develop border trade and facilitate the comprehensive development of the western region.

7.3.2 The Advantageous Conditions for Investment Promotion of the Western Region

(1) Abundant natural resources

On the whole, the western region is greatly rich in natural resources, especially in energy and minerals. According to statistics, "the comprehensive dominance of natural resources," "the degree of natural resources' per capita ownership" and "the total abundance of natural resources" of the nine provinces (autonomous regions) of the western region rank among the first twelve of the whole country. Among them, the value of mineral resources just in the northwestern region is 33.7 trillion RMB and has major development potential. The resources of the western region are not only abundant, but also widely spread and divided across various categories. Except some of the northwestern region that is lacking water, generally speaking, water, energy and mineral resources exist in combination, offering favorable conditions for the establishment of industrial bases of energy and raw materials. As the major resources of China's eastern and central regions come close to exhaustion, and the industrial structure of the western region is upgraded, the resource advantage it has in agriculture, water, electricity, petroleum, chemical engineering, nonferrous metallurgy, building materials and part of the textile industry will be fully displayed in the long-term development of the national economy; it will also serve as a driving power for investment promotion. The region is also blessed with abundant tourist resources, as the Qin Terracotta Warrior and Horses, Mogao grotto, and Jiuzhaigou Valley are all situated in the western region.

(2) Favorable investment policies

In order to support the Western Development Strategy and encourage overseas businesses to invest in the western region of China, the state has already utilized foreign investment to provide a series of favorable policies for the western region. The favorable policies for the Western Development Strategy include market access policies, national treatment policies, tax policies, land policies, talent policies, and investment service policies, etc. For example, with corporate income tax, it's stipulated that overseas-funded enterprises in the encouraged category of the Catalog of Foreign-invested Industry Guidance, and the Catalogue of Priority Industries for Foreign Investment in Central and Western China, as well as domestic-funded enterprises in accordance with the Catalogue of Industries, Products and Technology Encouraged by the State, will pay corporate income tax at a rate of 15%. In the aspect of favorable land policies, under the condition that construction investment and ecological work are put into place, the right to use national land can be acquired by remise, and the remise fee can be reduced; the right to use land can last 50 years, be renewed once it expires, be inherited, or be transferred with compensation.

(3) Relatively low production cost

According to location theory, investors, especially overseas businessmen, often choose the location with the lowest costs. Costs include transaction costs, and production costs, such as labor, transportation, and costs related to the production system including market potential, management, etc. Compared with the eastern region, the western region has relatively low production costs, including relatively low labor costs and means of production costs.

7.3.3 The Disadvantageous Conditions of Investment Promotion in the Western Region

(1) Disadvantageous geographic conditions

Geographic conditions may be one of the decisive factors for social and economic development. To some extent, the economic development of the eastern region is related to the fact that it's situated on the coast. According to statistics, direct investment received by inland China comes mainly from the surrounding countries and regions. In 1998, direct investment in China from nearby countries and regions such as Hong Kong, Macao, Taiwan, Japan, Singapore, Korea, Thailand and Malaysia accounted for 80.7% of the total amount of investment. Since the western region is situated inland and is not as close to these developed countries or regions, it is at a disadvantage. Because transportation, communication, and other infrastructure is underdeveloped in the western region, some investors are not willing to invest after taking cost into consideration.

(2) Backward ideas

Backward ideas are one of the biggest problems the western region has in attracting investment. It mainly shows as the following: (a) Owing to its closed territory, outdated ideas, and a deeply influential planned economy, governments continue to directly interfere with enterprises' operating activities, forcing their economic activities to be market-oriented and to lack any ideas that modern enterprises should possess, including a mechanism for selecting the superior and eliminating the inferior. These backward ideas directly influence the effect of investment promotion. (b) During the process of investment promotion, a large number of officials become afraid to lose power as well as to suffer loss.

They are preoccupied with the proportioning in joint ventures and always want to take control themselves. They are worried that their power will fall into the hands of others and they will lose their vested interest. When cooperating with overseas businesses, they also worry that the regrouping of overseas investment will cause the loss of state assets, and the outflow of corporate profit. (c) A large part of the western region doesn't recognize the compressive effect of investment promotion. They only emphasize the amount of investment promotion, but neglect the quality, which damages the regional environment. In some places, people view investment promotion as a short-term behavior and neglect the long-term service and management towards investors.

(3) Poor infrastructure

A major factor that decides an investor's investment region is product cost, which is decided by transportation and production costs. Though labor costs are relatively low in the western region, transportation costs are still relatively high owing to the poor and backward infrastructure, making the product costs here higher than at the coastal regions. Since the western region is covered with mountains, hills and the Gobi desert, non-cultivated resources account for 96% of the total land area. Complicated geography, inconvenient transportation caused by the former, outdated equipment, and a low degree of development and efficiency make development costs too high, restrict the inflow of various capital, and stop resources' potential advantages from transforming into actual advantages.

Chapter 8 Relationship between Enterprise and Government

8.1 The Importance of Maintaining Government Relations to Enterprises

In a modern society, the development of enterprises depends not only on the enterprises themselves, but also on some external factors. Government is one of the most influential factors on enterprises. The establishment of a good relationship between enterprise and government has a very far-reaching impact. If foreign companies long to seek long-term development in a country, but do not know the provincial or local governments' policies, and do not understand the regulations, they will more than likely do their own thing which will more than likely be the wrong thing to do. More so, they may never know what they had done wrong before failing. The fact is that the government has interactions with enterprises. Enterprises not only adapt to the behavior of the government, but also influence the government's via their own strategies. Based on the expectations of enterprises, the government will revise and design policies or regulations. Government and enterprise move together dynamically. Enterprises cannot exist without considering their environment. Yet enterprises are dominant forces, whose power can affect the government's policy decision. Government can be regarded as a stakeholder of enterprises, so its own policy decisions have profound impact on the long-term development of its own enterprises. The relationship between government and business is not only through joint interests, the government also exercises supervision. As a consequence, the relationship between each is subtle and complex. Companies need to find an effective way to balance this relationship so as to lay a solid foundation for future development.

In the following part, Hewlett-Packard (HP)'s successful case of building a good relationship with China's government will be introduced. This case will more specifically state the significance of establishing relations between enterprises and government in China.

Hewlett-Packard (HP) is a world-renowned enterprise. At the same time, Chinese Hewlett-Packard Co., Ltd. (CHP) is also the first Sino-US joint high-tech enterprise since the reform and opening up. In the late 1990s, HP achieved success in America, yet faced with the diversity, dispersion and gradation of small and medium enterprises in China, HP found that it was difficult to meet the requirements of these thousands of small and medium enterprises. It was urgent that HP get Chinese government's help with taking the lead in promoting information technology popularization in China's small and medium-sized enterprises. The government's timely support implementing information technology was undoubtedly helpful to HP, especially in its initial stage. After several negotiations and coordination with government departments, led by the Training Department and the SME Department of the State Commission for Economic and Trade, HP and the government worked together to launch the 21st Century SME Information Construction Training Demonstration Project. Simultaneously, Edelman International Public Relations was entrusted to provide overall planning, coordination and implementation of the project. After a half-year of efforts, the whole project had made great progress. This project not only established an IT construction model for the whole industry, but also organized various methods, approaches, and programs to achieve it.

In order to implement the project effectively, HP also selected the print media, broadcasting media, and new media as supportive measures for public relations. The project was a complete success, and from all aspects of society evaluation and feedback was positive. Within six months, project-related reports reached more than 150, and most of them were in-depth reports spread widely across China. "Economic 30 Minutes" is a fully authorized TV program broadcast on CCTV's economic channel. It broadcast special prime time reports on HP's success in China the second day after their commendation to an audience of 40 million and received a strong positive response. Since then, HP's brand image has been synonymous with IT in China.

Another success case is Hong Kong Disneyland. On 12 September 2005, Hong Kong Disneyland officially opened to visitors from all over the world. Zeng Qinghong, vice president of the PRC, and Donald Tsang, Hong Kong Chief Executive, participated in its opening ceremony. At the time, an amusement park's opening ceremony in China had never been so big and fantastic. It was all due to the Disney Group's excellent work on building relations between government and enterprise.

For multinationals with rich marketing experience, effective government relations and enterprise management are both significant. The management of an enterprise can ensure that the development of the enterprise is on the right path, and an effective government relationship can accelerate this development. For this reason, after entering China, almost every multinational needs to strategiclly build good government relations.

At present, China is developing and reforming. During this time of transition, systems and many related regulations are not sound enough to deal with many problems, and the risk for enterprise management is increasing. It is necessary that business and government departments maintain communication, effectively keep uncertainty caused by policy to a minimum, and strive to benefit enterprises, so as to ensure sustainable and stable development.

On 29 October 2012, the well-known electronics company Philips brought an LED technology project into Hainan Province. The provincial government of Hainan and Philips (China) Investment Co., Ltd. signed a strategic cooperative agreement in Haikou to jointly promote the research and development of electronic products, and the construction of energy saving and emission-reduction technology, and the prevalence of eco-lighting. This is an excellent example of a good relationship built between the government and an enterprise. If an enterprise can get the support of the government, carry out the work in active cooperation with the government, and raise its relationship with the government to a strategic level, the business of the enterprise will operated more effectively.

Government activities such as regulations, taxes, government procurement, etc. also directly or indirectly affect enterprises. Pharmaceutical companies are subject to management by the Food and Drug Administration, and work related to human resources needs to follow the relevant provisions of the Labor and Personnel Department. In these aspects, government will almost always have an impaction enterprise's decision-making in production, sales, research, product development and so on. Therefore, companies need to communicate with government departments in order to ensure that their operations comply with the relevant policies.

The part below gives a brief introduction to which government departments have the greatest impact on which industries.

8.2 Which Government Department Has the Greatest Impact on Which Relevant Industries

8.2.1 From the Perspective of the Approval of Foreign Enterprises

According to the existing laws of the state, the establishment of foreign-invested enterprises must comply with the laws and regulations of the state. Domestic investment by a foreign-invested enterprise must, by analogy, be governed by the Catalogue of Industries for Guiding Foreign Investment, which is the main basis for dividing the authorization of central government or regional government. The National Development and Reform Commission (NDRC) and the Ministry of Commerce are responsible for approving productive foreign-invested projects with a total investment exceeding US $ 30 million (inclusive), and for other projects subject to approval by the State Council. The concerned department of a provincial government, the country (district), and municipal government are responsible for examination and approval of:

Any project of in the non-restricted category with a total investment of less than US $ 30 million; or in the restricted category with a total investment of less than US $ 30 million (both of which must submit evidence of the investment); foreign-invested projects involving quotas and verification must first apply to the Ministry of Commerce for such quotas and verification; and any project in the encouraged or permitted category with a total investment more than US $ 30 million (with evidence of the investment on record at the State Council and related departments). Therefore, from the perspective of enterprise approval, the most influential department for foreign-invested enterprises are the National Development and Reform Commission, and the Ministry of Commerce.

8.2.2 From the Perspective of Setting up Foreign-invested Companies

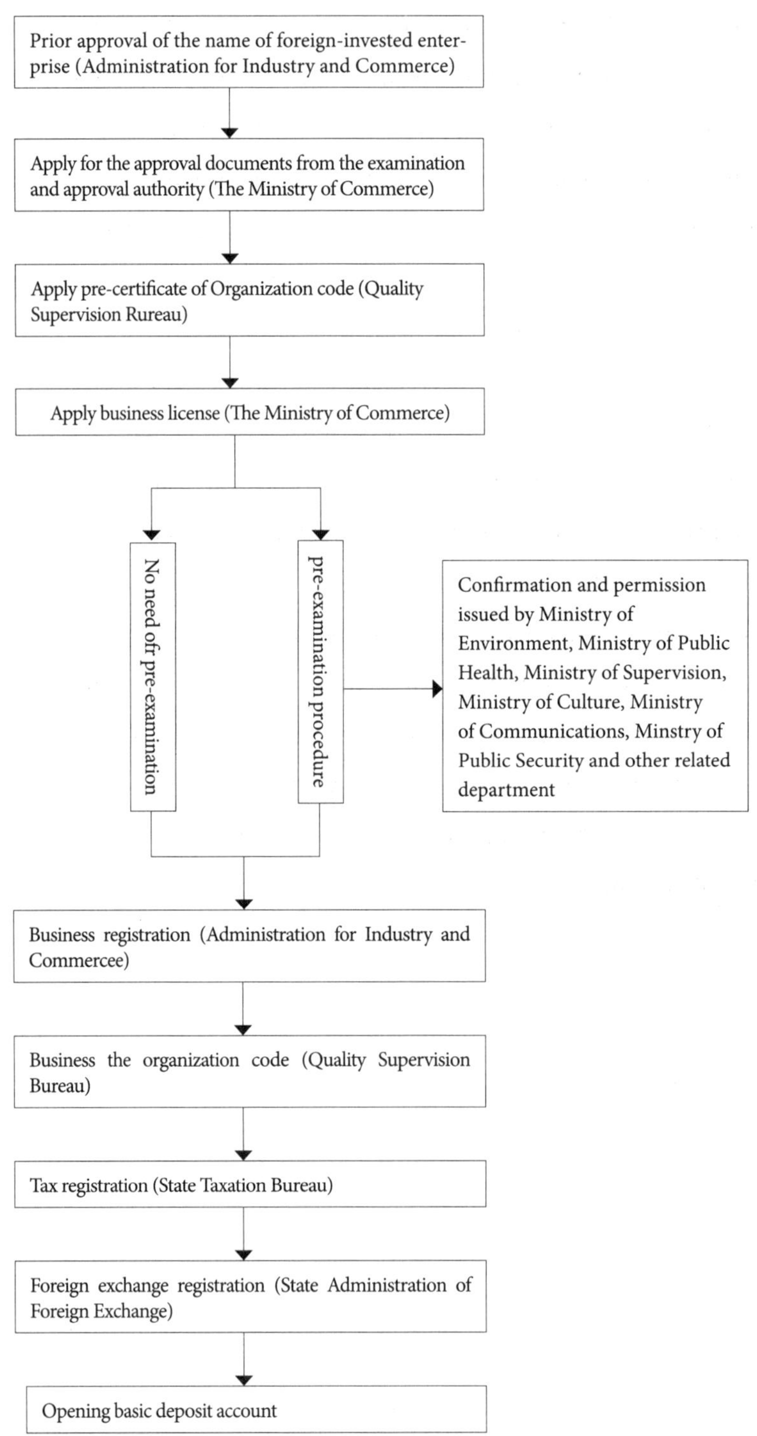

Departments involved in the above figures are:

The Ministry of Commerce at http://www.mofcom.gov.cn/

The Ministry of Public Security at http://www.mps.gov.cn/n16/index.html

Environmental Protection Department at http://www.mep.gov.cn/

National Health and Family Planning Commission at http://www.nhfpc.gov.cn

The Ministry of Culture at http://www.mcprc.gov.cn/

The Ministry of Communication and Transport at http://www.moc.gov.cn/

The State Administration for Industry and Commerce at http://www.saic.gov.cn/

State Taxation Bureau, http://www.chinatax.gov.cn/

General Administration of Quality Supervision, Inspection and Quarantine, at http://www.aqsiq.gov.cn/

State Administration of Work Safety at http://www.chinasafety.gov.cn/newpage/

State Administration of Foreign Exchange at http://www.safe.gov.cn/

8.2.3 From the Perspective of the Various Industry Authorities

In the Catalogue of Industries for Guiding Foreign Investment (2015 Revision), which is revised by the Ministry of Commerce continuously, different government departments in charge of various investment industries are introduced.

(1) Agriculture, forestry, animal husbandry and fishery

The competent department is the Ministry of Agriculture. The website of the Ministry of Agriculture is: http://www.moa.gov.cn/.

(2) Mining industry

The competent department is the Ministry of Land and Resources, and the website is: http://www.mlr.gov.cn/.

(3) Manufacturing industries

The competent department is the Ministry of Industry and Information Technology of the People's Republic of China. The website of the Ministry of Industry and Information Technology is http://www.miit.gov.cn/n11293472/index.html.

(4) Production and supply of power, heating power, gas and water

The competent departments are the National Development and Reform Commission of the People's Republic of China, and the Ministry of Water Resources of the People's Republic of China. The website of the Development and Reform Commission is http://www.ndrc.gov.cn/ and the website of the Ministry of Water Resources: http://www.mwr.gov.cn/.

(5) Communication and transportation, storage, post and telecommunication services

The competent departments are the National Development and Reform Commission, the Ministry of Communication and Transport of the People's Republic of China, and the State Post Bureau. The website of the Development and Reform Commission is http://www.ndrc.gov.cn/; the Ministry of Communication and Transport is http: // www. moc.gov.cn/; State Post Bureau's website is http://www.spb.gov.cn/.

(6) Wholesale and retail

The competent departments are the Ministry of Commerce of the People's Republic of China, and the Ministry of Industry and Information Technology of the People's Republic of China. The Ministry of Commerce of the People's Republic of China's link is http://www.mofcom.gov.cn/. The website of the Ministry of Industry and Information Technology is http: // www.miit.gov.cn / n11293472 / index.html.

(7) Rent and business services

The competent departments are the Ministry of Finance of the People's Republic of China, and the People's Bank of China. The website of the Ministry of Finance is http://www.mof.gov.cn/index.htm; the People's Bank of China is http://www.pbc.gov.cn/.

(8) Scientific research and technical services

The competent department is the Ministry of Science and Technology of the People's Republic of China at http: //www.most.gov.cn/.

(9) Water, environment and public facilities management industry

The competent department is the Ministry of Water Resources of the People's Republic of China at http://www.mwr.gov.cn/.

(10) Education

The competent department is the Ministry of Education of the People's Republic of China at http://www.moe.gov.cn/.

(11) Public health and social work

The competent departments are the Ministry of People's Public Health, and the State Family Planning Commission, whose website is www.nhfpc.gov.cn.

(12) Culture, sports and entertainment

The competent department is the Ministry of Culture of the People's Republic of China at http://www.mcprc.gov.cn/.

Finally, because there are some restrictions on foreign investment in China, in the above 12 catalogues of foreign investment industries, some foreign enterprises might find themselves involved in restricted projects and will need to get permission through the National Development and Reform Commission. The website is: http: //www.ndrc.gov.cn/.

8.3 How to Maintain Relations between Enterprise and Government

Before discussing how to maintain the relationship between enterprises and government, firstly, we must clarify the four basic principles.

First and foremost, enterprises must obey the uniform management of government. Regardless of its scale of production and operation, if an enterprise does not follow the government's management and leadership it cannot run. In this respect, the unified management and leadership of the government is what all companies rely on. If there was no government, enterprises would struggle to exist in an unstable environment without law and order, let alone consider developing or making profits. If there were no rules, any slight change in human action or the environment would frustrate enterprises' efforts for a long time. Business is based on a stable environment, which is largely provided by the government. Even if a regulation implemented by the government caused an enterprise to suffer, the enterprise would have to obey it without complaint, because the regulation, though it may not suit their specific business at that time, might be oriented and designed for the whole industry and society. In these cases, companies should support the government's decision. Finally, in an non-corrupt government, if enterprises have evidence of government officials using their power to take advantage of people, for example in accepting bribes, enterprises should actively cooperate with the government's investigation and in seeing those officials prosecuted by law.

Secondly, enterprises should be law-abiding. Everyone is equal under the law. If the enterprise operates illegally, evades tax, produces shoddy products, etc., especially for their own interests, enterprises will be subject to legal consequences. Companies in China must comply with Chinese laws, and also relevant international laws, treaties and conventions. Enterprises cannot simply think maintaining a relationship between themselves and the government in China involves flattery and sending gifts. A healthy relationship is based on equality, fairness and openness. Only when enterprises are law-abiding can they establish a good public image and build a good foundation. On this basis, enterprises can carry on normal activities in production and management.

As mentioned previously, enterprises and governments are stakeholders and partners. The relationship between them is two-way and interactive. If business's activities want to be recognized and supported by the government, they must themselves support the government's work. Government's work includes implementation of Project Hope, and earthquake relief, etc. Although enterprises are profit-seeking organizations, they are still part of the social community. Enterprises should be able to respond positively to the government's call and support the government's work, in order to establish a good public image, and be superior to others in their business.

Finally, enterprises should ensure corporate and national interest consistency. When interests are in conflict, corporate interests should compromise and submit to national interests.

After clarifying the four basic principles of corporate-government relations, the establishment and maintenance of this relation can abide by the following:

First of all, enterprises should strengthen communication and keep in contact with government. Communication is a bridge. Through communication we can eliminate misunderstanding, move closer, effectively share information, and ultimately achieve ideological consensus. Government, on behalf of the interests of the state and society, should communicate with enterprises in a timely manner. Enterprises for their part should understand the different levels of government departments' functions, power and types of work.

Communication channels are divided into the following three categories: When the enterprise is in its initial stage, and their sales channels, brands and reputation have not yet been established, the enterprise needs to comply with the national policy for development, and participate in various public welfare activities held by the government. Through their activities, they can establish the image of their enterprise and lay good foundations for further communication; when the enterprise has been established for a while is stable, it needs to establish formal channels of communication, such as: meetings, formal talks, written reports, and visits. Its aims should be letting the government understand all of its activities, and setting up a special department to take charge of relations with the government; and when the enterprise is mature, it can establish informal channels of communication with the government, such as phone calls, sending emails, and using social networks. As the scope of the Chinese government widens, the relationship between the government and enterprises becomes more diverse, and the scarce resources held by the government determine whether an enterprise can gain more market access and chances to compete with others. Because China is modestly opening-up, the corporate-government relationship not only determines resource allocation, but also determines the enterprise's market access and strategic competitiveness.

The enterprise should keep in mind that many companies believe that the way to build channels of communication and keep in contact with the Chinese government is by offering bribes and exploiting connections. China's anti-corruption struggle under the leadership of the General Secretary has made the government's work more standardized and transparent, so enterprises can easily establish regular, formal and normal channels to communicate and contact with the government. Unhealthy ways of communication, like making backdoor deals and offering bribes are banned completely.

Secondly, companies need to provide the government support and help in its decision-making. If companies want the government to support their own business, the government must see their determination to support the government's work. Since China implemented the western development strategy in 2000, many multinational companies have quickly taken aim at the western market and transferred capital hoping to expand their investment. Upon entering the west, multinational companies did not forget the need to carry out effective PR activities. Motorola Inc. is a perfect example of this. The Motorola Enterprise Optimization Center delivered classes to the customer's door for the first time in June 2000, held the 19th training program with the help of the Xi'an Hi-tech Development Zone at Xi'an's Software Park, and successfully held the 23rd training program at Chengdu in September, which were all welcomed by the participating enterprises, and supported and admired by the provincial Planning Commission as well as the officials of the local government. Motorola Inc. and the Sichuan provincial government signed a memorandum on the establishment of the Sichuan-Motorola Cooperation Committee soon after, and established the Sichuan-Motorola Cooperation Committee, marking that Sichuan Province and Motorola's friendly and cooperative relations entered a historical new stage. With the development of a transitional society, enterprises should understand, support, and participate in reform. They are capable of reducing the pressure of further deepening reform, and of increasing cohesion through helpful efforts. Corporate-government relations should not be regarded as a secretive thing. On the contrary, enterprises are encouraged to take the initiative in providing the government with financial support and in helping the government (which has a huge financial expenditure of its own) through difficulties such as social rescue and so on. This is a healthier way to support the government's work.

Moreover, enterprises should be enthusiastic about public welfare activities. Public welfare activities can objectively improve an enterprise's corporate-government relations, cultivate an excellent corporate culture and philosophy, and build a good reputation and positive image in the eyes of the public. More and more enterprises are now participating in social welfare activities. Take environmental protection as an example. In striving for the West-to-East Gas Pipeline Project (WEPP), an energy company had planned a PR activity targeting the government. The energy company invested 5 million US dollars in planting a green forest in Beijing municipality, near the Great Wall, and named it the "Forest of Friendship." This activity not only protects the environment, but also enhanced the company's image on protecting the environment and positively participating in public welfare. This activity has also had government departments favor this energy company, and increased the possibility of them getting a successful bid in the future.

Another example involves Ford Motor Co. Ford made a huge investment in China by setting up an environmental award, and awarded Li Rong, a farmer from Hebei Province the "Ford Motor Green Award" for planting trees on 4,000 acres of barren hills. At the launching ceremony of this award, both Dong Zhiping, the former vice minister of the Ministry of Forestry, and Qu Ge Ping, chairman of the Standing Committee of the National People's Congress and the Environmental and Resources Protection Committee, highly praised the environmental contribution made by Ford. The CEO of Ford China, Cheng Meiwei admitted that such activities enhanced trust on the government's part and also acquired for the brand a good reputation.

If an enterprise can come forward in a crisis, and offer financial support generously, the positive image gained will be more convincing. In the struggle against SARS, many enterprises offered help to Chinese people immediately. Multinational companies often carry out PR activities relating to medical treatment and public health, such as women and children's education, cultural education, environmental protection, disaster relief, alleviation of poverty, social construction, and cultural and recreational activities.

Sun Tzu says "know the enemy as you know yourself, and you will fight a hundred battles without defeat." Although corporations and government are not rivals on the battlefield, if businesses want to establish long-term relationships with the government, they must be familiar with the organizational functions, authorities and procedures for handling affairs in the concerned government departments.

There are strict social divisions within the Chinese government. Each department, and each employee's job responsibilities are different. That is why companies must be thoroughly familiar with their specific business needs, which level of government they need to turn to, and how to contact them. Especially in a very urgent emergency, this will greatly improve the efficiency of communication, greatly reduce daily transaction costs, and help the enterprise increase its profits.

Companies need to keep in continuous contact with the government. The best way to do this is to assign a specialist or set up a corporate-government relations team who are professionally responsible for communicating with the concerned departments within the government. If someone is specially assigned to deal with building a connection with the government, this person is sure to have a supervisor, usually the chief operators or policymakers of the enterprise, and through this person the people in charge can establish both working and private relationships with government officials. In this way, communication for both sides will be smoother. In a society where the financial environment keeps changing, through effective communication with the government, enterprises can predict policy changes in advance in order to make their enterprises invincible. But the downside of this approach is that following the departure of the specially assigned person, a vacancy will arise and a new specialist must be found to replace them, leaving gaps of information between enterprise and government. The solution to this problem is to organize a group or a team to that is responsible for communicating with government departments. As long as this collective form of organization does not dissolve, corporate-government relations will exist, making up for the imperfect method of using a specialist who is solely responsible for such an important relationship with the government.

Chapter 9 Cross-cultural Business Communication

9.1 Impact of Euphemism of China on Business Communication in Foreign-invested Enterprises

Today, foreign-invested enterprises are continuously flooding into China. In order to quickly adapt to the environment, beat the fierce competition, and finally occupy the market, foreign-invested business is not only required to produce excellent products, but to additionally master mature cross-cultural business communication skills. As a unique eastern country, China's history and cultural background distinguishes it from Western countries, which to a large extent makes it difficult for foreign-invested enterprises to operate. Under these circumstances, having excellent cross-cultural communication skills is much more important for foreign-invested enterprises than anything else.

In the globalizing process, companies are required to adapt to the cultural customs where their subsidiaries are located, have a friendly attitude, and design a communicative and manageable approach and strategy to eliminate cultural heterogeneity in order to create a unique corporate culture, and an effective management mechanism.

The aim is to design a practical structure or system of organization and management in different cultural atmospheres and to find business goals that transcend cultural conflicts in the management process. If doing so, enterprises can keep a code of conduct for employees with different cultural backgrounds, helping them to harness and take advantage of their potential and the enterprise's value. For global business, having success in cross-cultural business communication enables efficient operation, enhanced competitiveness, and expanded market share.

Cross-cultural business communication is a marginal subject between the study of management and sociology that combines the effectiveness of management and the essence of social science. Their coexistence requires enterprises to maintain the characteristics of the products it is rooted in, and for it to cater to the unique needs of other countries' markets. This may produce a series of contradictions. If handled improperly it may cause impact on the production process and management. Conversely, it may become a business management strength in the future.

9.1.1 China's Subtle and Tactful Culture

Since the Han Dynasty, Confucius's and Mencius's philosophy has dominated Chinese culture. Cultural emphasis is on "benevolence" and this has a strong impact on business. In China, within a company, there must be hierarchy. Employees of a Chinese enterprise must first consider the collective interests and stability of their group, so they usually will not express their ideas or ask for anything they desire, let alone act in conflict with the collective interests.

Chinese people are eager to avoid competition within their own group. Those who love competition will generally be considered proud and arrogant, because "tolerance first" "harmony is prized" and "the longest way round is usually the shortest way home" are cultural and moral traditions.

Compared to Europe and the United States' rational and straightforward culture, Chinese culture is more emotional and tactful. Although with the development of globalization, foreign culture has made a great impact on traditional Chinese culture, traditional culture still dominates Chinese employees daily lives and work places.

Traditional Chinese Confucianism believes that the community or organization order themselves by seniority, so in China, or in Chinese enterprises, superiors should be respected by their juniors. This difference in seniority according to Confucianism is also considered the cornerstone of how employees communicate management ideas and methods. Therefore, the approach of management at a Chinese company is usually indicative. For example, senior managers usually convey their instructions to their immediate subordinates, and then this message will travel a straight hierarchical line down to the lowest level employee.

Few subordinates will question or express doubts over their boss's decisions, because if subordinates question the decision of their boss, they will be considered disrespectful, or cause their boss embarrassment or for them to lose face. Most will at the most make suggestions to their boss in a very tactful way, which is a behaviour that western individuals can find extremely hard to mimic.

Managers in an organization are usually as respected as fathers. Managers will do their best to maintain the organization's overall interests, and even everyone's personal interests. This is totally different from Western culture in which maximizing personal interest is the main motivation.

All in all, European and American culture is an export-oriented culture, advocating rationality, science, democracy, nomocracy, and emphasizing self-worth and individualism. However, Chinese culture is milder and more roundabout, advocating harmony, moderatation, Rule of Virtue, and collectivism. Traditional Chinese culture is rooted deeply in people's souls, and in an imperceptible way, influences and shapes the public consciousness, forming unique habits, values, ways of thinking, and style of doing things.

Therefore, investors from different countries, social systems, and cultural backgrounds who come to China to set up enterprises may cause a series of conflicts due to the inadaptability of China's unique culture.

9.1.2 Cultural Differences in Foreign-invested Enterprises

As mentioned previously, many social and cultural backgrounds influence and interact within foreign-invested enterprises in China, and the political, legal, economic and cultural features of foreign-invested enterprises are different to Chinese enterprises, therefore, the values are correspondingly different and foreign-invested enterprises tend to meet a series of problems. According to many academic studies, the issues are mainly in the following aspects.

(1) Human resource management

It is difficult to select appropriate foreign workers. In China the mechanism of promotion usually goes as the saying "common fame is seldom to blame"; the tradition of nepotism can cause cultural conflicts; and the Western style of leadership does not work in China.

(2) Motivation management

Approaches to promoting initiative among Chinese employees are ineffective; employees' personal creativity is hard to find; interpersonal relationships are more important than the quality of work; wages and the welfare system in a cross-cultural environment show problems; and foreign managers underestimate the Chinese employees' strong demand for the collective attribution.

(3) Communication management

There are language barriers; when cooperating, parties do not coordinate but act as they please; there are coordination barriers between the various departments; and a variety of issues in information exchange.

(4) Goals and plan management

There are problems with planning; the awareness of efficiency is in conflict with a lack of time management, there is a profit-oriented concept; there are quality assurance issues; and different actions require different measures.

(5) Decision-making management

Standards of decision-making are various; the decision-making process is different; staff do not like taking responsibility; there is a lack of personal initiative;

and the spirit of participation is absent.

(6) Organization management

Teams are composed casually; cooperation desire is suppressed; the desire for innovation lacks guidance; there is inadequate preparation for taking risks; team work efficiency is reduced and cohesion is lacking.

(7) Supervision and management

Chinese people are accustomed to strict supervision, and the need for supervision is different; punishment depends on emotion; tasks are not described specifically; there is no quality guarantee.

9.1.3 Specific Impacts

China's cultural differences reflect vividly in the logic and approaches of management between China and the West, and penetrate all aspects of management. Ultimately, the greatest impact is on the enterprise's goals, concepts of management, and decision-making process, etc.

(1) Objective expectations are different

In foreign-invested companies, Chinese people and foreigners hold different objective expectations. The main reason for this is that foreign investors and Chinese managers have a different understanding of their business goals, and the features of their targets. Foreign managers are more specific and materialistic; they tend to believe that their company should aim for profit and reduce loss. Foreign managers put more emphasis on specific economic indicators because they believe that without these indicators they cannot measure their achievements. However, Chinese managers are influenced by a tactful culture and the economy as planned over a long-term, so they believe that the enterprise's goal is to gain benefit for employees, and even the whole social community. Generally speaking, foreign investors are eager to pursue economic interests, while Chinese managers pursue more abstract, spiritual matters. Effective communication between different sides within the joint ventures is a major obstacle due to the differing understanding of business objectives caused by the different cultural backgrounds.

(2) Operational concepts are different

The operational concept foreign investors have is often consistent with the cultural traditions of their motherlands. China's traditional business philosophy is people-oriented, pays attention to an enterprise's standing and the development of "relationships," while overlooking the importance of contracts. Yet foreign investors generally believe that the contract is a final agreement, whereas Chinese managers sometimes regard "relationship" as more important and more reliable. This causes Chinese managers to attempt to modify contracts in a project if they find they are making less profit than anticipated, even if the contract has been signed. Meanwhile, if they are eager to maintain and develop long-term relationships with counter parties, sometimes Chinese managers will agree to renegotiate the contents of a contract. Because of misunderstanding of the values and ways of thinking formed long before, the operation and management of foreign-invested business are always complicated and puzzling to both foreign investors and Chinese managers.

(3) The principles of decision-making are different

Westerners emphasize individualism, pay attention to materialistic approaches, and have a pragmatic attitude in expressing their desires and feelings which they believe will have a great impact on management and the decision-making process. They emphasize the importance of timing in the decision-making process, and regard as inefficient asking for everyone's opinions in order to reach a consensus. In Chinese culture, because of the supremacy of the collective, there is worship and obedience of the superior within an enterprise, which often collects everyone's opinion, though those opinions do not necessarily have any impact on decisions.

Putting an emphasis on consensus can cause the decision-making process to be delayed. For example, in a Sino-American joint venture, the American managers encouraged the employees to participate in the development of their objectivities, quickly promoted their staff, stimulating them with bonuses and benefits. But if the employees performed poorly, the American managers immediately took extreme measures and fired them. In a Sino-Japanese joint venture, the Japanese managers took advantage of democracy, with decisions instigated from the junior ranks raised through the hierarchy, in a collective decision-making manner. In China, Chinese managers tend to use democratic centralism, criticism and self-criticism, education and guidance, and democratic participation in management.

(4) Management styles are different

Due to different cultural backgrounds, there are differences in management, which is an important factor that affects the effectiveness of foreign companies' management. Western management emphasizes strict organizational structure and control. Due to it advocating individualism and emphasizing independence, the Western management system is strong and powerful. Many enterprises often rely on a strict organizational structure, an adequate means of control to implement management. Chinese enterprise's management, although they also stress strict management approaches, in reality, do not particularly follow them. In fact, most enterprises are overstaffed and have a loose management structure. Relying on strict organizational structure and tight control can leave it hard to achieve expected results.

A characteristic of the American enterprise management model is the use of institutional management. In American enterprises, employees receive pre-occupation training. Managers emphasise staff performance and ability, implement hierarchical authorization, fully use two-way communication, divide the public and private clearly, provide specific jobs, and respect for employees' rights and opinions. The Japanese business management model is characterized by a life-long employment system, which advocates the spirit of the company, makes employees work in rotation, carries the team spirit forward, implements democratic ways to make decisions, and ensures all levels of employees are unanimous in spirit. Chinese management is characterized by democratic centralism, political and ideological education, and participation in management democratically.

(5) Incentives are different

The main feature of Western culture is its aggressiveness. This aggressive culture influences enterprise management, which encourages innovation, competition and brave struggle. China's traditional culture instills the values of being content and enjoying oneself in the company of people, which causes the public to resign themselves to fate, choose the middle ground when encountering problems, to follow their seniors, to comply with rigid conventions and not launch radical reform against them, and fear competition. These values lead to many negative behaviors. In such a closed, conservative cultural environment, it is difficult for people to cultivate a pioneering spirit and to possess the creativity and development required by a modern society.

Western managers tend to maintain a certain distance with people in their work, and regard the relationship between boss and subordinate as a purely working relationship. On the contrary, Chinese people believe in relationship and collectivism. Chinese culture emphasizes group and unity, harmony and people-oriented factors. Although this reduces the possibility of interpersonal tension and conflict, it can also make people believe that "everybody's business is nobody's business," which can play a role in endangering and damaging the efficiency of the enterprise's management.

9.2 How to Minimize the Impact of Cultural Differences

9.2.1 Analysis of Causes

Except Hong Kong and Taiwan, the top 10 foreign investment countries and regions have different cultural backgrounds with China, and especially do not understand Chinese tact. Many multinationals that have achieved great success in China have overcome these difficulties to achieve their current accomplishments. As Mem pointed out in the analysis of the case of Beijing Jeep (BJC), "We have found more cultural differences than any party in the joint venture ever expected." David A. Lix also believed, "Almost all multinational companies end in failure because they ignore the cultural differences." This is why cultural conflicts are the most important problem that foreign-invested enterprises in China are faced with. The causes of cultural conflicts faced by foreign-invested enterprises in China can be attributed to the following three aspects.

(1) Language

Chinese characters and the alphabets of Western languages are greatly different. There is no similarity between them. Even compared to Japanese and South Korean scripts, Chinese is much more complex. Chinese, is the world's most difficult language to learn and too difficult for an ordinary foreign employee sent by an overseas parent company to grasp quickly to an adequate level. Chinese is more is also subtlety expressed than other languages. Many messages are understood via body language and context, and it is difficult for people speaking another language to translate. This, inevitably leads to barriers or misunderstandings in communication, which greatly affects cooperation with the Chinese people, including government, competitors and customers. Many foreign-invested enterprises eventually divest their assets or collapse over these kind of issues.

(2) Values

Values refer to people's view and evaluation of things, which are a reflection of people's beliefs, ethics, and mentality. People from different cultural backgrounds have different attitudes towards work, working methods, interpersonal relationships, and risks. First of all, toward work and life, Chinese culture emphasizes collectivism, and harmony as a vital factor. This determines to the formation of a relatively harmonious relationship within an enterprise. It often mixes family relations, personal links and other negative factors, which however can damage management efficiency. The modern culture of the West believes that the spiritual and social lives of people need to exist outside the workplace, which is only a place for work, and as a consequence, it opposes close, interpersonal relationships built in the workplace; believing intimate relationships, affinities and affection between people can only exist within the family, at church, clubs and neighborhoods with a small range or group of people. Second, Western employees generally believe in the value "work hard, play harder." They pursue material satisfaction and fun from their own hard work, while Chinese staff lack initiative, love a relatively slow pace of work, and regard working as an opportunity to socially interact with their colleagues. Third, Western executives dare to innovate and take risks, and they usually do not have so many worries about winning or losing. They have the courage to adopt new technologies, develop new markets, and design new products. Chinese managers lack awareness of risk and an adventurous spirit, so it's hard for them to seize opportunity. In addition, in superior-subordinate relationships, Chinese employees are influenced by traditional thinking and official-oriented culture and tend to believe that the superior-subordinate relationships are not equal. So, subordinates generally do not want to argue with their superiors let alone to refute them. However, in most Western companies, people believe that they are born equal, and the so-called hierarchical system only means that different positions have different duties. Subordinates have greater autonomy over their own responsibilities, and a right to offer suggestions or even challenge their superiors. Therefore, conflicts between Chinese and foreign employees often occur.

(3) Forms of communication

Chinese people tend to use tactful, harmonious, emotional forms of communication. They try to avoid face to face negotiations with people holding different opinions, and avoid direct conflict with their colleagues. They discuss divergence behind the scenes, and ordinary things in public. Western people tend to use a pragmatic communication method. They like resolving differences face to face and encourage frank discussion. Chinese people like indirect communication, because they feel that face-to-face communication with others can often be very difficult. Chinese people need some kind of intermediary to ease hard to deliver messages, and sometimes they will turn completely to a middleman to deal with problems. Western people prefer direct forms of communication and rarely ask another colleague to convey verbal messages for them. What really matters will be conveyed definitively by themselves.

Because of the above three cultural differences, communication between Chinese and foreign employees is always inefficient in foreign-invested enterprises. In addition, employees from mainland China and overseas often have different understandings of the same task, resulting in different work outcomes.

All of these make enterprise management more complex, decisions harder to make, and unified actions more difficult to launch.

9.2.2 Coping Strategies

To solve the cultural conflicts in foreign-invested enterprises in China, and to achieve effective cross-cultural business communication, enterprises can proceed from these five points:

1. Implementation of a localized enterprise management model

When foreign enterprises enter the Chinese market there can be problems adapting. One way to counter this is for it to adapt to the local social and cultural environment. The other is to change the local culture to make the environment suitable for its own needs. Because traditional Chinese culture is so deeply rooted, the chances of changing it are remote. So foreign-invested enterprises can only use the first way to continue developing in China, to integrate themselves into Chinese culture, to apply the "localization" strategy.

From a macro scope aspect, a "localization" strategy for business can avoid conflict and friction between foreign enterprises and China's trade and investment. It can not only increase domestic employment opportunities for China's import and export trade, and contribute to the international balance of payments, but because a corporate image needs to be set up, the business and product profiles rise, not only increasing the demand for locally produced goods, but also causing other products belonging to the same brand to be readily accepted. Specifically, the localization of business includes three aspects.

First, the localization of staff. As western countries' standard of wages and benefits is far higher than China's, employing local staff to manage companies can greatly save on the higher cost of paying expatriates. Meanwhile, local staff understand local people better than foreign staff, which is a benefit for enterprise communication and coordination with their external environment, including the government, clients, customers and suppliers. In addition, with the improvement of Chinese education and the popularity of English, more and more Chinese people can communicate with foreigners fluently, which effectively avoids language barriers when communicating with foreign parent companies or other branches, and reduces the cost of information exchange. The key to the localization of staff is to attract local talent. One way is to select outstanding graduates from local universities, such as by setting up scholarships, or by attracting well-experienced managers and specialists with high salaries and munificent benefits. The other way is to implement personal career development plans for retaining Chinese employees with great potential.

Second, the localization of procurement. Various materials required for production and operation should be purchased to reduce freight and procurement costs, while avoiding any risk brought by changes in the exchange rate. Third, the localization of marketing. The habits and behavior of local consumers need to be understood so an enterprise can cater their own brands, products and advertising to Chinese people's tastes. This will not only narrow the distance between the enterprise and its consumers, but establish intimacy and identity of brands with consumers, and build a good corporate image.

2. Multicultural compatibility strategy

The premise of this strategy is to allow the coexistence of multiculturalism. According to Zhang Yunfeng and Yu Xiaodong's proposals on cultural compatibility strategies, based on different degrees, cultural compatibility can be divided into the following two different levels:

(1) Paralleled cultural compatibility strategy. This is the highest form of cultural compatibility, which is customarily known as cultural complementarity.

In a multinational company's subsidiary, the dominant culture is not the culture where the parent company stems from. Although there can be a huge cultural difference between the culture of the parent country and its subsidiaries, their corporate cultures are not mutually exclusive. Instead, they are complementary to each other, and both run day to day operations. One of the cultures can make up for inadequacies in the other. The great success of McDonalds and KFC in China can be described as a good example of making full use of the cultural compatibility strategy.

(2) Concealing the dominant culture of the two countries. Because there can be a huge cultural difference between the parent enterprises' culture and the culture of their subsidiaries, it is easy for cultural conflict to arise in daily operations. Managers should deliberately blur cultural differences in the daily business activities. They need to conceal part of the dominant culture which is most likely to lead to conflict, and to preserve the most benign insignificant part of the dominant culture.

The two scholars also mentioned the strategy of innovative cultural planning, cultural evasion, cultural penetration and occupation, and making use of the cultures of a third-party. Because shortcomings here tend to be greater than the advantages, generally speaking, the cultural compatibility strategy fits the management of multinational companies best.

3. Mixed-culture management

This management method includes the following four strategies: (1) The culture of the parent company is dominated by the culture of the country where the parent company is located; (2) It is Chinese culture oriented; (3) There is cultural cooperation between the two countries; (4) There is mixed culture of the two countries. The fourth strategy is the most widely accepted, because a company that uses this strategy takes advantage of the two cultures, and combined with the company's development finds it easier to promote the company's unique corporate culture. Employees who regard this culture as a principle tend to consciously regulate their own behavior, which can be a driving force for the development of the company. Under this unique corporate culture and these circumstances, the company's highest valued criterion will be formed successfully and completely.

4. Common values management

In the case where two or more cultures coexist in a company, all the cultures should be respected and understood by management and communicated with equally. On that basis, common values can be gradually built into the company using the common points and advantages of the two cultures. "All the good companies we have observed are clear in what they advocate and seriously set up and form the company's value standards," said American academics Peters and Waterman. In fact, if a company lacks clear values, it may find it difficult to succeed.

5. Cross-cultural training

Cross-cultural training is the most basic and effective means to solve cultural differences and improve cross-cultural business communication. The main content of it includes: knowledge, and learning of Chinese culture and parent company culture, including through seminars, courses, language training, books, websites, discussion and simulation exercises, etc.; cultural sensitivity training, through which employees are trained to analyze the characteristics of local cultures and to figure out how local culture determines the behavior of the local people; or through cultural adaptive training, including sending employees to work overseas, travel to experience the shock of different cultures, or having employees work with people from different cultural backgrounds, such as foreign employees from headquarters or third country foreign workers. Through all of this practical experience employees can gain the skills required to deal with other cultures.

According to cross-cultural adaptation theory, cross-cultural training has the following three effects on staff: (1) Their functional resilience increases. Through repeated activities, employees learn a new culture and experience an inner reorganization, causing their inner projection and requirements of other cultures to be synchronized. (2) They become healthier mentally. Mental health and communicative competence are closely related to functional resilience to another culture. (3) They will have a new cross-cultural identity. The unfavorable situation that employees encounter in cross-cultural communication can cause a type of shock. Instead of a sense of belonging, this cross-cultural identity leaves an employee with the knowledge that they are not a member of one particular culture or the other.

In short, the market of China with its great potential for development has gradually become the focus of foreign enterprise investment, and in this process cultural conflict is inevitable. Only through the mastery of cross-cultural business communication tactics, a combination of localization management with cross-cultural training to eliminate cultural conflicts, and an attempt to avoid problems caused by cultural differences, can foreign-invested enterprises in China be successful.